网络教育学习指导

周学斌 编著

华中科技大学出版社
中国·武汉

图书在版编目(CIP)数据

网络教育学习指导/周学斌编著.—武汉:华中科技大学出版社,2014.7
ISBN 978-7-5680-0282-0

Ⅰ.①网… Ⅱ.①周… Ⅲ.①网络教育-研究 Ⅳ.①G434

中国版本图书馆 CIP 数据核字(2014)第 170914 号

网络教育学习指导 周学斌 编著

策划编辑:陈建安	
责任编辑:徐莹欣	
封面设计:秦 茹	
责任校对:曾 婷	
责任监印:徐 露	

出版发行:华中科技大学出版社(中国·武汉)　　电话:(027)81321913
　　　　　武汉市东湖新技术开发区华工科技园　　邮编:430223
录　　排:华中科技大学惠友文印中心
印　　刷:北京虎彩文化传播有限公司
开　　本:710mm×1000mm　1/16
印　　张:7.25
字　　数:125 千字
版　　次:2019 年 4 月第 1 版第 8 次印刷
定　　价:28.00 元

本书若有印装质量问题,请向出版社营销中心调换
全国免费服务热线:400-6679-118　竭诚为您服务
版权所有　侵权必究

前言

20世纪90年代以来,网络技术的发展推动了人类社会向信息社会的迅速转变。网络媒体从登上舞台起就显示出它强大的生命力和巨大的信息优势,并迅速地进入了管理、金融、商业、通信、新闻、医疗、教育、技术、产业、娱乐等一切与信息紧密联系的领域。网络媒体提供的实时交互的功能更是其他媒体所无法替代的。网络与教育结合产生了网络教育,这种结合所带来的不仅仅是教学手段的革新,更重要的是带来了教育理论、教育模式以及教育思想的转变。

我国开展网络教育试点工作将近16年,在有数千年历史的教育鸿篇中是新之又新的一页,但它已经在这册史卷上画下了浓浓的一笔。国家对开展网络教育工作极为重视。在1999年11月教育部制定的《现代远程教育资源建设指南》中指出:发展现代远程教育是扩大教育规模、提高教学质量、增强办学效益、建立终身教育体系、办好大教育的重大战略措施。同年制定的《关于发展我国现代远程教育的意见》中提出来我国发展现代远程教育的16字方针:统筹规划、需求推动、扩大开放、提高质量。

考虑到参加网络教育学习的学生中,有相当一部分人对网络使用尚不熟悉,甚至可能存在没有上过网的情况,我编写了这本《网络教育学习指导》,让学生熟悉掌握网络教育学习全过程,使同学们能顺利地完成学业。为充分利用网络信息资源,本教材介绍了一部分相关的网站,供学生点击浏览。

在本书的编写过程中参考了诸多专家、学者的文献论著,本书后列出主要参考文献、论著以示对文献资料、论著作者的衷心感谢。特别需要说明的是北京网梯科技发展有限公司平台开发技术人员以及华中科技大学远程与继续教育学院张国安、曾多运、付莉红和梅小萍为本书的资料收集、整理和勘校等作了大量的工作,在此一并致谢。

随着网络教育技术和资源建设的不断发展和网络教育教学平台不断升级,本书将逐步进行修订。本书在编写过程中由于时间短、任务重、定稿过于仓促,难免会出现不尽如人意之处,诚恳地欢迎读者对本书提出宝贵的意见。

编者

2014年7月于韵苑

目　录

第一章　网络教育概述 /1
  1.1　什么是网络教育 /1
  1.2　网络教育的特色和优势 /2
  1.3　目前有哪些高等学校可以开展网络教育 /3
  1.4　我国开展网络教育试点工作的意义 /4
  1.5　网络教育毕业生学历学位认定 /4
  1.6　网络教育系统模式 /5

第二章　网络教育发展状况 /8
  2.1　网络教育的发展历程 /8
  2.2　国外网络教育的发展 /9
  2.3　中国网络教育的发展 /10
  2.4　移动教育的发展 /10
  2.5　华中科技大学网络教育发展现状 /11

第三章　网络教育学习方法 /12
  3.1　网络教育学习特点 /12
  3.2　网络教育对学习者的要求 /13
  3.3　网络教育学习者成功的策略 /14
  3.4　网络教育的基本学习环节 /14
  3.5　网络教育的技术环境 /15

第四章　华中科技大学现代网络教育学习平台操作方法 /17
  4.1　平台简介 /17
  4.2　系统主要功能 /25
  4.3　主页上的其他功能 /34
  4.4　课程学习流程 /35
  4.5　IPAD(平板电脑)学生客户端操作使用办法 /39

第五章　华中科技大学网络教育学习指导 /54
  5.1　如何利用平台进行网络学习 /54
  5.2　华中科技大学网络教育学习方式 /55
  5.3　华中科技大学网络教育学生网上学习流程图 /56

5.4 华中科技大学网络教育学习过程介绍 /57
5.5 网络教育课程考核与成绩评定办法 /60
5.6 免修、再修申请 /61
5.7 学籍异动 /62
5.8 毕业、结业与肄业 /67
5.9 学士学位申请条件 /67
5.10 统考 /68
5.11 华中科技大学网络教育学习咨询服务 /68

第六章 网络教育常见问题解答 /69

附1 华中科技大学成人教育、现代远程教育考试管理暂行条例 /78

附2 华中科技大学成人教育、现代远程教育毕业设计（论文）工作暂行条例 /83

附3 华中科技大学远程与继续教育学院本科毕业生授予成人学士学位实施办法 /90

附4 湖北省成人高等教育本科毕业生学士学位申请与审批表 /93

附5 华中科技大学远程与继续教育学院补授成人学士学位申请表 /94

附6 华中科技大学远程与继续教育学院各学习形式专业学位课程一览表 /95

附7 教育部办公厅关于对现代远程教育试点高校网络教育学生部分公共课实行全国统一考试的通知 /96

附8 教育部办公厅关于做好2013年现代远程教育试点高校网络高等学历教育招生工作的通知 /98

附9 教育部关于开展现代远程教育试点高校现代远程教育部分公共基础课全国统一考试试点工作的实施意见 /101

附10 教育部办公厅关于印发《网络高等学历教育招生与统考数据管理暂行办法》的通知 /106

第一章
网络教育概述

1.1 什么是网络教育

随着社会需求的多样化和信息技术革命的深入,教育史上一种革命性的教育模式——网络教育,应运而生,其发展势头之猛烈,影响之深远,应用之广泛,实为教育史上所罕见。

一、远程教育

对远程教育有以下几种理解。

(一)"远程教育"(Distance Education)也称"远程学习"(Distance Learning),又被人们称为"远距离教育",它并非是一种新的教育现象,已有百余年的历史。

(二)远程教育是施教者通过多种传播手段向受教者传递知识、信息,连接教与学的过程。

(三)远程教育是一种运用传播媒介完成教与学过程的教育形式。

(四)远程教育是指学生与教师、学生与教育组织之间采用各种媒体方法进行系统教育和教育信息交流的教育形式。

二、网络教育

(一)网络教育是指充分利用信息技术的一种新型教育方式。

(二)网络教育是现代教育传播技术和学习理论、教学理论、传播理论相互综合发展,应社会需求而产生的一种新型的教育模式。在这种模式下,教师和学生之间的物质实体相互分离,以学生为中心,运用传播媒介技术和多媒体技术来传递和反馈教学信息,以求最大的教学效益。

(三)网络教育既是应用多媒体技术的虚拟化教学,又是应用数字网络技术的教学。

(四)所谓"网络教育"是指通过卫星系统、互联网以及其他多媒体手段所进行的实时或非实时的教学活动,它的最突出的特点是非线性结构,也就是说,在授课内容、授课时间甚至学习过程方面打破传统的线性框架,使教与学双方自由结合,从而提高教学效率。

网络教育是利用网络技术、多媒体技术等现代信息技术手段开展的新型教育形态,是建立在现代电子信息通信技术基础上的现代远程教育,以面授教学、函授教学和广播电视(视听)教学为辅助,以学习者为主体,学生和教师、学生和教育机构之间主要运用多种媒体和多种交互手段进行系统教学和通信联系。国务院1999年1月13日批转的《面向21世纪教育振兴行动计划》明确提出"实施'现代远程教育工程',形成开放式教育网络,构建终身学习体系"的任务。教育部在批准高等学校开展现代远程教育试点的有关文件中将现代远程教育也称为网络教育,本书中所说的远程教育和网络教育是同一概念。

1.2 网络教育的特色和优势

根据网络教育的发展,结合其教育、教学的实践,我们将网络教育的特色和优势概括为以下5个方面。

一、办学规模大

网络教育有利于扩大教育规模,有效地弥补了国家教育经费严重不足的问题。

二、入学门槛低

主要有以下几类人参加网络教育:无法进入传统学校参加学习的人;不愿意参加当地的传统学校教育,选择通过远程的方式参加优秀院校组织的教育的人;对某一门类知识感兴趣,通过远程的方式参加学习的人;参加各类机构组织的培训人员。

三、学习方式灵活,适合在职成人业余学习

突破了学习空间的局限。网络教育提供的是师生异地同步或非同步教学,提供的是开放的教学内容。学习者不受条件的限制,在任何地方只要能够连接到所需的网络,就可以接受教育。网络教育为全体社会成员提供了均等的教育机会,为"教育公平"成为现实提供了契机。

突破了学习时间的局限。学习者可以在任何时间,点击自己所需的教

育教学信息，获得自己所需要的知识内容。这种教育形式不再是一次性的学校教育，而是实现终身教育的最佳手段。

突破了传统的校园围墙，带来了教学模式的变迁。将传统的以"教"为主的教学模式，变成了以"学"为主的模式。针对每一位学习者，按最有效的个别化原则组织学习，更注重培养自学能力。它能及时反馈和调整学习内容，体现因材施教、因人而异的教学规律，可以进一步发展为按最有效的个别化原则组织教学，从而抛弃教师讲、学生听的班级教学模式。

突破传统教学媒体，调动多媒体手段为教学服务。与传统班级课堂教学相比，它能够实现学生与教师、学生与学生之间多向互动和及时进行反馈，具有更强的灵活性。多媒体课件和教材生动活泼、直观形象，有利于学生理解和掌握知识内容，有利于开发大脑潜力，启迪创造和创新意识。

突破了教育教学信息传播形式上的单一性，有利于教育资源的共享，提高教育效率和效益。无论是哪一种网络教育形式，都能使学习者更多地实时或非实时地获得高水平、高质量的教育，听到一流专家的演讲，听到优秀的教师授课，看到丰富的博物馆、图书馆以及参加高层次的学术讨论。

四、学习资源丰富

网络教育的学生拥有可利用的、丰富的、大量的学习资源，包括书本教材、光盘和网络资源等。这些学习资源是由学科专家、教育技术专家、媒体专家等精心策划和制作的，其中富含课程知识、学科背景知识、相关学科参考知识、学科知识的检索等。较传统的教材内容丰富，应用了多媒体技术，表现形式丰富、形象。

五、学生成为先进技术的优先应用者

从远程教育的发展历史可以看出，远程教育的发展是与先进技术的发展同步的。网络教育是随着现代信息技术的发展而产生的一种新型远程教育形式，参加远程学习的学生无疑会成为先进技术的优先应用者。

国家高度重视和支持这种具有明显优势的教育形式，网络教育已成为人们接受继续教育和终身学习的重要形式，成为构建终身教育体系和学习型社会的基础和平台。

1.3 目前有哪些高等学校可以开展网络教育

为落实《面向 21 世纪教育振兴行动计划》（国发[1999]4 号），推动网络

教育工程的进展,积极发展高等教育,教育部支持若干所高等学校建设网络教育学院,开展网络教育试点工作。从1999年至今,教育部先后批准若干所高等学校开展现代远程教育试点工作,目前试点高校有68所,具体名单如下(按高等学校代码排序):

  北京大学、中国人民大学、清华大学*、北京交通大学、北京航空航天大学、北京理工大学、北京科技大学、北京邮电大学、中国农业大学、北京中医药大学、北京师范大学、北京外国语大学、北京语言大学、中国传媒大学、对外经济贸易大学、中国科学技术大学、中央音乐学院、南开大学、天津大学、大连理工大学、东北大学、中国医科大学、东北财经大学、吉林大学、东北师范大学、哈尔滨工业大学、东北农业大学、复旦大学、上海交通大学(含医学院)、华东理工大学、东华大学、华东师范大学、上海外国语大学、南京大学、东南大学、江南大学、浙江大学、厦门大学、福建师范大学、山东大学、中国石油大学(华东)、郑州大学、武汉大学、华中科技大学、中国地质大学(武汉)、武汉理工大学、华中师范大学、湖南大学*、中南大学、中山大学、华南理工大学、华南师范大学、四川大学、重庆大学、西南交通大学、电子科技大学、西南科技大学、四川农业大学、西南大学、西南财经大学、西安交通大学、西北工业大学、西安电子科技大学、陕西师范大学、兰州大学、中国石油大学(北京)、中国地质大学(北京)、中央广播电视大学

  备注:带*的学校是有招生资质但2013年不招生的学校。

1.4 我国开展网络教育试点工作的意义

  (一)实现高等教育大众化。
  (二)实现高等教育资源共享。
  (三)适应社会发展,转变教育思想。
  (四)有利于与国际接轨,教育国际化。

1.5 网络教育毕业生学历学位认定

  (一)网络教育学生毕业证书电子注册按照《高等教育学历证书电子注册管理暂行规定》有关要求进行。《〈高等教育学历证书电子注册管理暂行规定〉实施细则》规定了经教育部批准实施现代远程教育试点的高等学校对所招收的网络教育学生颁发的学历证书进行申报注册的方式,国家承认其

学历。学历证书查询可通过"中国高等教育学生信息网(www.chsi.com.cn)"进行。

（二）网络教育本科毕业生达到国家规定的学士学位标准，符合学位授予条件，可以向学位授予单位申请授予学士学位。根据《教育部办公厅关于进一步加强现代远程教育试点高校网络高等学历教育学历证书和学位证书规范管理的通知》(教高厅[2007]1号)规定，2007年7月1日以后录取的网络高等学历教育本科学生，毕业时授予学士学位的标准应与授予成人高等教育本科毕业生学士学位的标准完全一致，授予成人高等教育学士学位并相应颁发成人高等教育学士学位证书。

（三）根据《2009年全国招收攻读硕士学位研究生简章》规定，"具有国家承认的大学本科毕业学历的人员"可以报名参加国家组织的全国统一招生考试，网络教育毕业生取得毕业证后，可以报考研究生。

（四）《中央机关及其直属机构2009年度考试录用公务员报考指南》规定，网络教育毕业生取得毕业证后，符合职位要求和资格条件的，可以报考公务员。

1.6 网络教育系统模式

根据网络教育专家对网络教育系统的不同分类，结合目前国内外尤其是国内网络教育系统发展情况，可将网络教育划分为4种模式。

一、政府远程教育模式

这是一种确立已久的模式，如马德里的国家远距离教育大学、马来西亚的UNITAR(敦阿都拉萨虚拟大学)、法国国家远程教育中心。以马来西亚的UNITAR为例进行说明。

UNITAR是建立在网络学习环境基础上的，它提供学历教育、大学教育和研究生教育课程的设计和传递，采用了一种包含以下三个要素的虚拟学习模式：

①网上虚拟学习支持服务体系；
②为学习者提供以CD-ROM或网络课程为主要形式的学习材料；
③对诸如虚拟图书馆、学习中心和电话中心提供的支持。

这种模式的院校是政府特别构建的远程培训院校，有专职的人员负责远程学生的课程开发，并为学生的远程学习提供双向通信和支持服务。

二、远程教育大学模式

这是国家教育系统的另一种模式,是一种独立设置的专门进行远程教学的全国性教育院校,如泰国的苏可泰开放大学、英国开放大学、西班牙国立远距离教育大学和我国的中央广播电视大学。以中央广播大学为例进行说明。

中央广播电视大学创建于1979年,由中央广播电视大学和44所省级广播电视大学、841所地市级分校以及1742个县级工作站组成。它是一个中央、省级、地市级、县级广播电视大学(以下简称"电大")四级管理系统,采用卫星播出系统、VBI技术、因特网技术等高新技术支持的交互式现代化远程教育系统。电大学生以自学为主,收听或收看广播、电视、录音、录像课程,利用网上教学平台进行学习,同时在当地的学习中心接受必要的面授辅导。

三、传统大学设置的远程课程模式

这一模式被欧洲的许多国家采用,芬兰、法国、瑞典、美国、英国等有很多这类院校。我国近来也出现了几批这一类型的学校,如获教育部批准的68所开展网络教育的大学中,除了中央广播电视大学之外,其他学校都属于这种模式。以清华大学的远程教育为例进行说明。

清华大学是我国首批开展远程教育的四所传统大学之一,其定位是适应高级或较高级专门人才的培养需要。目前,清华大学已经在26个省、市、自治区和直辖市建立了76个校外教学站,有一万多名学员在读。其教学形式主要采用卫星数字广播、计算机互联网和有线电视网三网互补的远程教学传输手段,利用VSET、ISDN(综合业务数字网)视频会议系统等实时交互手段,利用计算机互联网的E-mail(电子邮件)、BBS(网络论坛)作为非实时交互手段完成课堂讨论、答疑。学员可根据当地站点的情况选择到站点集中收视或利用计算机网校(清华网络学堂)、有线电视网或光盘等方式进行学习。在办学模式上基本形成了学历与非学历、校内与校外教育同时进行、互相渗透的办学格局。

四、成人(或继续)教育学院的远程教学模式(私立远程培训机构)

这种模式的基本结构特征是多用函授的形式,学生接收学院分发的学习教材,在业余时间进行学习。这种模式在欧洲和中国应用较广泛,如设立在剑桥的国家校外函授学院、中国传统大学中的部分成人教育学院等。此模式院校的函授学员学习完毕后,完成作业,然后递交给学院,学院评定完作业后,再将作业返还给学生。学生主要通过邮件、电话与学校接触。随着教育技术的发展,有些学院也逐渐采用 BBS、电子邮件等和学生接触,有时候采用录音、录像带或光盘形式代替文字教材寄发给学生。在中国,目前这类学院在多数大学中与网络学院并存。而在芬兰、挪威、瑞典和法国等地,这类院校正在迅速丧失市场,原因在于它们不具备生动的教学效果而不被学习者接受。

第二章
网络教育发展状况

2.1 网络教育的发展历程

远程教育的出现是社会进步与发展的结果。在国际远程教育史中,英国开展的"大学推广运动"是公认的远程教育的发端。1840年,英国人伊克·皮特曼(Pitman)将速记教程函寄给学生,被认为是英国函授教育的始祖;1849年,伦敦大学首创校外学位制,这一年可以认定是英国近代学校远程教育的开始;1874年,美国伊里诺斯州立大学开展了函授教学;之后,芝加哥大学、威斯康星大学分别于1891年、1906年开始进行函授教育,南非好望角大学(后改为南非大学)、新西兰大学、加拿大的女王大学、澳大利亚的昆士兰大学在这一时期也分别对校外学生进行函授教育。

一、第一代远程教育技术模式——函授教育

函授教育(Correspondence Education)是以印刷教材或学习指导材料为主要学习资源,师生间以邮政系统为主要信息交流方式的远程教育形式。函授教育始于19世纪中叶的英国。1840年英国人皮特曼将速记教程函寄给学生成为函授教育的开始,并在世界许多国家得到发展。这种技术模式主要存在于独立设置的函授学校和传统大学开展的函授教育、校外教育。其主要特点是以学生自主学习为主,有时存在少量师生面授辅导,信息符号以文字和静态图形、图片为主,师生之间信息交换周期较长,运营成本低。

二、第二代远程教育技术模式——多媒体教学的远程教育

在多媒体教学(Multi-Media Instruction)的远程教育中,除了印刷教材或学习材料外,主要还使用广播电视、录音、录像等多种单向媒体。由于大部分发展中国家在相当长的历史时期中电话不够普及或其使用费过高,这类双向媒体在远程教学中很少或几乎不用。多媒体的远程教育模式始于20世纪50年代,发展于20世纪60年代末70年代初,是一种工业化、大规模的远程教育形式。其主要代表有重建革新的南非大学、英国开放大学和

中国广播电视大学。第二代远程教育技术模式的主要特点是信息符号除了文字和图片外,还有声音、图像、动画等,但师生之间的实时信息交换依然很少或几乎没有,依然是以学生自主学习为主。

三、第三代远程教育技术模式——双向交互教学的远程教育

第三代远程教育技术模式是建立在应用双向交互电子信息通信技术基础上的新一代电子远程教育(Tele-education 或 E-education),主要使用多媒体计算机网络、卫星电视、VBI 广播、电话、无线移动、音视频会议系统等网络化数字媒体。其主要特征和优势是利用信息技术实现人机和人际的相互交流和交互作用,这使得一方面信息交互的时间缩短了甚至是实时的,另一方面信息交换的形式实现了多媒体化。加强师生之间的教学信息交流,可以开展远程集体、小组协作等灵活多样且富有个性化的多元化的教学活动,使远程教育具有了一般教育的社会交往属性。这种技术模式的远程教育主要集中在传统院校开展的网络教育。

四、第四代远程教育技术模式——虚拟教学的远程教育

第四代远程教育模式是基于虚拟智能技术的远程教育。其主要特色是利用虚拟现实技术和人工智能技术,建立虚拟的校园、教室、实验室、图书馆、教学系统和现实培训系统,使远程的学生就像在传统校园里接受学习,同时对一些实践性或实验性内容有实际操作上的情境体验,从而使远程教学过程中由于物理距离造成的心理距离在一定程度上弱化或消除。这一代远程教育技术模式正在探索和研究之中,是未来网络教育发展的重要方向之一。

2.2 国外网络教育的发展

网络教育起源于英国。网络教育的早期形式为函授教育、校外教育。函授教育首先出现在近代产业革命和资本主义的故乡——英国,工业化的发展促进了社会对教育需求量的快速增长,对传统教育的形成和规模提出了挑战,并成为函授教育产生的直接动力。

英国开放大学——最成功的远程大学,成立于 1969 年 6 月,位于伦敦西北郊的弥尔敦·凯恩斯新城,1971 年 1 月正式开学,截至 2013 年共招收 2000 万学生,已毕业 25 万,招收学生中 70% 以上是在职人员。

2.3 中国网络教育的发展

教育部把发展网络教育作为一种新型的教育方式,作为构筑21世纪终身学习体系的主要手段,作为办好大教育的战略措施和国家重要的基础设施。我国网络教育的目标和任务、指导思想与策略等关系到我国教育现代化目标的最终实现。

我国于1998年批准清华大学、浙江大学、湖南大学、北京邮电大学4所高校作为首批现代远程教育的试点单位。到目前为止,教育部共批准了68所高等学校开展现代远程教育试点,对这68所高校培养的达到本、专科毕业要求的网络教育学生,由学校按照国家有关规定颁发高等教育学历证书。学历证书电子注册后,国家予以承认。

我国开展网络教育试点工作以来,在网络教育的管理机制、教学模式、教学管理模式、人才培养模式和资源建设等方面取得了卓有成效的进展,网络教育已成为我国高等教育的重要组成部分。随着信息技术的发展和社会经济文化的进步,网络教育在构建终身教育体系方面将发挥越来越重要的作用,也将成为创建学习型社会的重要手段。

2.4 移动教育的发展

移动互联技术的发展及社会生活的影响不可避免地波及到教育领域,于是一个新的概念"移动教育"(Mobile Education,也有人称为Mobile Learning或M-Learning)应运而生。移动教育把移动通信、网络技术与教育有机地结合起来。与有线的在线学习相比,移动学习具有移动性、高效性、广泛性、个性化等优势。国际远程教育权威戴斯孟德·基更博士认为,移动学习是未来远程教育的主要方式。因为对于远程教育而言,"成功的教育技术,不是那些本身具有适合教学特性的技术,而是已经达到广泛普及的技术"。移动通信技术是有史以来世界普及最广的技术。目前在全世界60多亿人口中,约有15亿人口拥有手机,中国的手机增长速度更是飞快。因此,说移动学习就是远程教育的未来毫不为过。

以移动学习为基础实现的教育被称为第四代远程教育,是指依托目前比较成熟的无线移动网络、国际互联网以及多媒体技术,学生和教师通过使用移动设备(如手机、平板电脑等)来更为方便灵活地实现交互式教学活动。

移动教育系统主要由四部分组成：国际互联网、移动互联网、移动设备和教学服务系统。

2.5 华中科技大学网络教育发展现状

华中科技大学是 2000 年 7 月经教育部批准开展试点现代远程教育的高校,同年成立了网络教育学院,2005 年 7 月与继续教育学院、同济医学院继续教育部合并成立远程与继续教育学院。学院按照"积极发展、规范管理、加强建设、提高质量"的办学方针,充分利用我校的优质教学资源,积极推进网络教育的发展,现已形成规模、结构、质量、效益协调发展的良好态势。

学院陆续投资 4000 多万元建设起国内一流的网络实时和非实时教学系统,形成天网、地网、人网合一,网络、通信、纸质、光盘等多媒体统一使用的网络教育体系,广泛适应学生多元化、个性化学习需求。学校在全国设立学习中心 100 多个,现在册学生达 4 万余人,有 300 多门课程的课件在网上运行。学校运用互联网、卫星通信、多媒体等现代信息技术,采取在线和离线相结合、网络教学和课件相结合、电子教材与文字教材相结合、课堂学习和自主学习相结合等学习形式,使学习者不受时间和空间的限制,获取最新知识和信息。

学校开办的网络教育实行学历教育和非学历教育并举的方针,学历教育有专科和专科起点升本科两个层次,专科专业有计算机科学与技术、机电一体化、建筑工程、经济管理、行政管理、法学、模具设计与制造、会计学、物流管理、护理学、药学等;专科起点升本科专业有机械设计制造及其自动化、电气工程及其自动化、计算机科学与技术、通信工程、国际经济与贸易、法学、新闻学、会计学、工程管理、行政管理、工商管理、土木工程、材料成型及控制工程、护理学、公共事业管理、药学等。非学历教育有课程进修,根据社会需求开展菜单式定向培训,并依据社会经济建设的变化和需求,逐年调整学科方向和专业设置。

第三章
网络教育学习方法

3.1 网络教育学习特点

20世纪90年代,阿蒙森在总结以往网络教育理论的基础上,提出了以学习为核心的网络教育理论框架。他提出网络教育理论应基于"教——学"的一般框架之中,以"学习"而不是以学习者或距离为核心。与传统教育相同的是,教师、教学内容和学习者仍然是网络教育结构中的三个主要成分;不同的是,在网络教育中,教师与学习者之间的关系因为时空的分离或距离问题发生了变化,因此,就形成了以"学习"为核心的网络教育活动。其中,距离在网络教育中的位置是很重要的,它能够影响网络教育中教与学的所有因素。其影响程度可根据它对要完成的学习的影响程度来确定。

学生是远程学习的主体,远程学习不同于传统的学习,学生不能依靠教师面对面的指导,学生的学习行为发生了极大的变化,主要表现在以下几个方面。

(1)在学习的内容方面,重视对学习能力的培养而不只是对知识的掌握。

随着科学技术的发展,人类的知识也呈现出加速发展的趋势。科学研究表明,人类在最近30年所获得的知识约等于过去两千年的总和,而未来若干年内科技和知识还将在许多领域出现更惊人的突破。这一点在电脑领域表现得尤为突出。计算机知识更新速度之快使人目不暇接,新理论、新思想、新工具层出不穷。有资料显示,在近十年内一位普通工程师所掌握知识的90%都与计算机的发展有关。在知识迅速膨胀、信息不断更新的信息社会,记忆知识已不再是学习的主要内容,而学会学习、善于应用和探索的素质才是学习的目的。掌握学习能力是远程学习的核心课题和主要任务。

(2)在学习的方法方面,以主动学习和个别化学习及协作化学习为主。

在网络环境里,能够实现协作式学习。由于网络技术的介入,学生可以在网络空间里学习,组成了实际上的学习群体,这种"群体"不是学生在地域空间上的集群,而是在虚拟空间里的集合。在这个虚拟空间里,学生可以自由地相互联系、分享、交流他们的心得和信息,进行协作式学习。协作式学习注重成员之间的平等、自由、民主,这相对于传统学习环境,更有利于学生的发散思维与求异思维的锻炼,更有利于学生的钻研精神、协作精神等良好品质的培养。这种协作式学习是建立在个别化学习基础上的,是个别与集体的和谐统一。协作式学习是对个别化学习的必要补充。

(3)从学习过程角度看,学习过程在某种程度上又是一个选择的过程。

随着信息资源的不断增长与扩展,以及网络技术的广泛应用,学生面前的学习资源迅速膨胀起来,对学习内容的选择成为必需,而选择的结果必然会促进教育的精细化和多元化。丰富多彩的教育资源是促进学习者学习、培养学生创新能力、促进学生个性和谐发展的重要条件。

(4)与传统意义上的学习相比较,网络环境下真正实现了以学生为主体的学习。

传统教育往往过分强调统一性,让不同的学生在同一时间、同一空间按同一速度学习相同的内容,并用同样的标准考查和评价他们。在这种情况下,学习过程被简单化,被严格地规范化,学生发展的结果也是单一模式化的。那些最能表现人的丰富多样性的方面,如情感、意志、动机、兴趣等在很大程度上被忽略或是被有意识地加以限制了。但远程学习可以使学生成为真正的学习活动的主体,从而使学生的发展具有了多种可能性,并且是多方向的、可选择的。

(5)就学生本身来看,学生的角色具有多元性。

在远程学习中,学生个性得到了张扬,创造性也有了发展的空间。学生个性、创造性的发挥不仅是一个自身完善的过程、一个自我教育的过程,同时也是一个影响他人的过程。在远程学习中,学习者可以通过 BBS、电子邮件等手段自由发表自己的见解、主张以及对问题的看法,学生同时也可能成为其他学生的老师,正是丰富、复杂的网络环境造就了学生角色的多元性。

3.2　网络教育对学习者的要求

(1)要主动适应网络教育师生"教"与"学"在时间、空间上相对分离的远程教学环境,树立刻苦学习、自觉学习、自主学习的精神和毅力,培养良好的学习意识、习惯、方法和能力,提高信息素养和运用信息技术的能力。

(2)要学会在学校和教师的指导下,根据自身的需要和条件自主安排学习计划和学习进度,充分利用网络学习平台和资源,选择适合自己的学习方式,在方便的时间、地点进行学习。

(3)要学会在教师指导下利用多种媒体学习资源和网络平台进行学习,学生利用网络的交互功能与教师和同学沟通和交流,主动争取教师和同学的帮助,增强网络环境下自主学习和协作学习的意识与能力。

3.3 网络教育学习者成功的策略

网络教育中学习者的构成有以下特点。

(1)年龄跨度大。

网络教育中的学生多是成人在职学习者,学生的年龄在 18—30 岁不等,所以学生的年龄跨度比较大。

(2)来源广泛,数量大。

参加网络教育的学生来自全国乃至世界各地,学习者来源广泛,并且数量庞大。

(3)学习经验各异。

由于学习者来自不同的工作单位,从事不同的专业,所以他们的学习经验也各自不同。

(4)有一定的生活和工作经验。

(5)自愿学习。

网络教育中的学习者有一定的文化基础,但是他们已有的知识往往已经过时或不能适应当前实际工作的需要;从学生的学习动机看,他们既有为了得到学位或学历证书以满足社会上对资格要求的外部动机,也有为了充实和提高自身以适应工作需要的强烈的内部动机。所以,网络教育的学生多为自愿学习和自主学习。

3.4 网络教育的基本学习环节

(1)制订计划:在教师指导下,学生根据自身的学习基础、工作和经济条件等实际情况制订个人学习计划。

(2)师生互动:在整个学习过程中,学生通过各种通信手段向教师提问,教师进行实时和非实时答疑,师生之间、同学之间进行教学信息交互,学生还可通过网上自动答疑系统获得问题的解答。

(3)学生自学:学生利用多媒体教学课件、教材和网络教学平台进行自学。

（4）协作学习：在教师指导下，学生以小组学习形式，通过各种网络交互工具和平台，必要时也可集中到学习中心等场所，与教师和同学讨论学习中的问题。

（5）面授辅导：对一些需要面授的课程，由试点高校和学习中心安排必要的面授辅导。

（6）课程作业：教师根据课程教学的需要布置和回收、批阅作业，学生根据要求通过网络或传统方法完成与递交作业；有些试点高校开发了随机作业系统，作业随机抽取、限时完成，提交后由作业系统自动给出评价。

（7）实验实践：学生完成教学计划和教学大纲规定的课程实验、专业教学和社会实践。

（8）课程考试：在平时学习和考核的基础上，学生申请并参加课程考试，取得相应的成绩和学分。课程考试一般采用集中笔试（开卷或闭卷）、课程论文、课程作业等多种方式，课程成绩通常综合考试成绩与平时考核成绩。部分试点高校通过网络组织远程考试。

（9）毕业论文：本科层次学生必须在规定时间内完成毕业论文（设计），教师通过网络教学平台和面授进行指导。

3.5　网络教育的技术环境

网络教育的技术环境是指与网络教育相关的教育技术因素的总和。它包括构成网络教育通信网络和终端设备的硬件设施、软件系统及技术条件等，是保证网络教育顺利实施的物质基础。

网络教育技术环境从教育者和受教育者的交互性方面来看，可分为两种：双向交互技术环境和单向非交互技术环境。双向交互技术环境即教育者和受教育者可进行交互的教育技术条件，如基于计算机网络的技术环境、天地合一的技术环境、卫星双向站技术环境等。单向非交互技术环境即教育者和受教育者之间不能进行交互的教育技术条件，学习者被动地接受教育信息，而教育者也不能及时了解学习的效果和反应，学习者需要极强的学习主动性和毅力，需要自己不断的自我诊断和修正，探求未知的知识领域。由于师生之间缺乏交互，这种模式下的远程教育成为因材施教的真空，如单向广播电视教育的技术环境等。

从传播媒介来看，可以分为五种：基于地面微波接力系统的技术环境，基于卫星传播的技术环境,基于有线电视网的技术环境,基于公共电信网的技术环境(PSTN、ISDN、DDN、ATM 和 FR),网网合一的技术环境。

  在国内网络教育依赖的技术历程中,ISDN、DDN 和单向双向卫星教学系统曾经是主要技术手段,如卫星广播系统环境是点到面的传播环境,覆盖面广,受教育面大,目前已形成了一套完整的教学体系,可用于大规模地开展远程课堂教学,但同时也存在着双向交互难的弊端,在一定程度上影响了教学。利用地面网络,不管是计算机网络、有线电视网络,大多都是点到点的传播环境,其最大优越性在于网络的双向交互性强,便于教与学的相互交流,学习方式方便、灵活,学生自主学习的环境好,有利于提高教学效果。

第四章 华中科技大学现代网络教育学习平台操作方法

下面以华中科技大学网络教育的学习平台为实例,介绍网络学习的实践情况。(因为该学习平台存在新旧版本共用情况,所以部分平台截图与文字描述有细微差别,但不影响学生使用。)

4.1 平台简介

4.1.1 系统登录

输入网址 http://www.hust-snde.com 出现如下界面。

图 4.1.1 登录界面

在如图 4.1.1 所示登录框中输入用户名、密码,验证成功后进入个人学习交流平台,点击"SNS 工作室",如图 4.1.2 所示。

图 4.1.2　工作室界面

4.1.2　功能菜单

如图 4.1.2 所示,左侧功能列表包括"课程辅导"、"支持服务"、"工具(新平台功能)"三大模块。

◆ 课程辅导模块:包括通知公告、学友录、我的课程、教学计划(新平台功能)、费用管理、毕业情况、成绩管理、学籍异动、毕业论文(满足条件才会显示)。

◆ 支持服务模块:技术支持。

◆ 工具模块:包括视频会议、公共资源、站内信。

4.1.3　学生工作室(SNS 工作室)

本模块是学生登录后进入的模块,该模块可以有效地帮助学生了解学校的具体情况与最新信息,并对学生的个人信息进行管理。本模块由通知公告、个人信息、费用管理、教学计划、毕业情况、课程学习、成绩管理、学籍异动、学习工具、公共论坛、视频会议、公共资源以及注销退出等子功能模块组成。

通知公告

通知公告用来动态显示学院的相关重要信息,帮助学生及时了解学院的最新状况与通知，每条信息可以通过点击的方式进行详细内容的浏览。

点击“通知公告”，进入如图 4.1.3 所示页面。

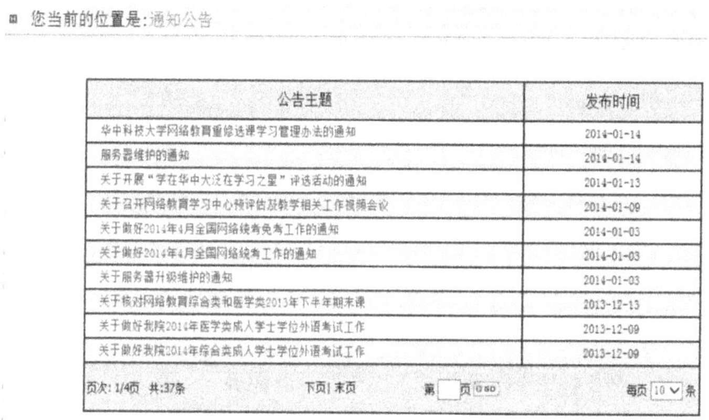

您当前的位置是:通知公告

公告主题	发布时间
华中科技大学网络教育重修选课学习管理办法的通知	2014-01-14
服务器维护的通知	2014-01-14
关于开展“学在华中大泛在学习之星”评选活动的通知	2014-01-13
关于召开网络教育学习中心预评估及教学相关工作视频会议	2014-01-09
关于做好2014年4月全国网络统考免考工作的通知	2014-01-03
关于做好2014年4月全国网络统考工作的通知	2014-01-03
关于服务器升级维护的通知	2014-01-03
关于核对网络教育综合类和医学类2013年下半年期末课	2013-12-13
关于做好我院2014年医学类成人学士学位外语考试工作	2013-12-09
关于做好我院2014年综合类成人学士学位外语考试工作	2013-12-09

页次: 1/4页　共:37条　下页|末页　第　页 GO　每页 10 条

图 4.1.3　通知公告界面

个人信息

点击“个人信息”，学生可以查看个人的详细资料，页面如图 4.1.4 所示。

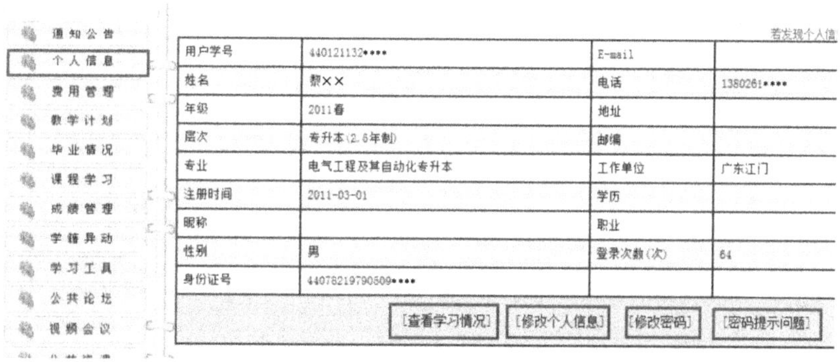

用户学号	440121132••••	E-mail	
姓名	黎××	电话	1380261••••
年级	2011春	地址	
层次	专升本(2.5年制)	邮编	
专业	电气工程及其自动化专升本	工作单位	广东江门
注册时间	2011-03-01	学历	
昵称		职业	
性别	男	登录次数(次)	64
身份证号	44078219790509••••		

[查看学习情况]　[修改个人信息]　[修改密码]　[密码提示问题]

图 4.1.4　个人信息界面

学生可以通过点击“查看学习情况”，进一步了解自己选修课程的学习情况；点击“修改个人信息”，对个人详细资料进行修改；点击“修改密码”，对自己登录系统的密码进行重置；点击“密码提示问题”，查看自己设置的问题与答案。

费用管理

费用管理模块是用来帮助学生查看自己缴费的相关信息。

点击"费用管理",进入如图 4.1.5 所示页面。

图 4.1.5 费用管理界面

教学计划

教学计划模块主要是用来帮助学生了解自己所选课程的相关信息,包括课程名称、课程类型、课时、学分、考试类型。

点击"教学计划",进入如图 4.1.6 所示的页面。

图 4.1.6 教学计划界面

毕业情况

学生可以通过点击"毕业情况",查看个人的毕业信息,包括学号、学习中心、成绩审核、统考审核等信息。

点击"毕业情况",进入如图 4.1.7 所示页面。

图 4.1.7　毕业情况界面

学生可以通过点击"查看详细情况",查看更加详尽的毕业信息。

课程学习

学生可以通过点击"课程学习",查看个人所选课程的课程资源,然后可以点击"学习课程内容"进行学习。

点击"课程学习",进入如图 4.1.8 所示页面。

在该页面中,学生可以通过点击"查看全部已选课记录",查看所有选课内容,并且可以继续学习。

图 4.1.8　课程学习界面

学籍异动

学籍异动模块的功能主要是帮助学生查看自己的学籍动态,如果没有异动申请,就没有相关记录。学生也可以在规定时间内通过点击"申请学籍异动",进行学籍异动申请提交。

点击"学籍异动",进入如图 4.1.9 所示页面。

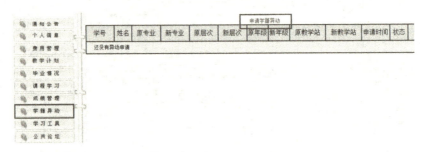

图 4.1.9　学籍异动界面

学习工具

工具模块是用来帮助学生更加高效学习的模块,学习工具包括电子词典、备忘录、记事本等工具。

点击"学习工具",进入如图 4.1.10 所示页面。

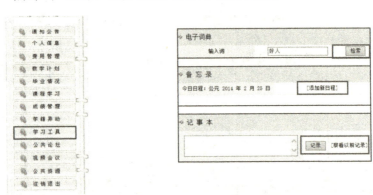

图 4.1.10　学习工具界面

公共论坛

公共论坛模块用来帮助学生参与学院各项事务的讨论,以及可以查看学院正在讨论的问题,了解学生的动态,帮助有需要的学生解决问题。如图 4.1.11 所示。

第四章　华中科技大学现代网络教育学习平台操作方法　　23

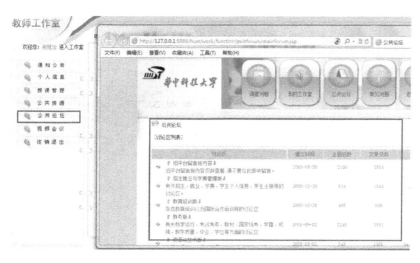

图 4.1.11　公共论坛界面

视频会议

视频会议模块是提供给学生查看网络实时课堂（会议）系统的入口,学生可以通过点击"视频会议"进入,在该系统中查看需要的视频课堂以及会议记录。

图 4.1.12 是点击"视频会议"进入后的界面图片。

图 4.1.12　视频会议界面

公共资源

公共资源是系统提供的一个资源搜索平台,学生可以通过该资源系统的用户名与密码登录到系统中查找自己需要的资料信息。

点击"公共资源"进入的界面如图 4.1.13 所示。

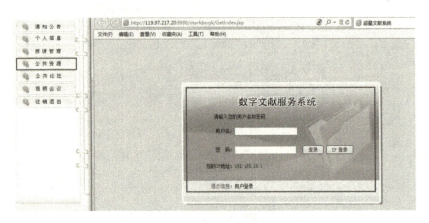

图 4.1.13 公共资源界面

成绩管理

成绩管理模块用来显示学生各个科目的详细成绩，并帮助学生进行重修申请。

点击“成绩管理”，进入如图 4.1.14 所示页面。

课程序号	课程名称	学分	学期	平时成绩	网上学习分值	考试成绩	总评成绩/重修成绩	操作
00000001	网络教育学习指导	1.0	2011年上半年	19	4.0	90.5	86/无	申请重修
05000150	大学英语	6.0	2011年上半年	20	3.0	60	65/无	申请重修
07000150	高等数学	5.0	2011年上半年	19	7.0	74	78/无	申请重修
07000750	复变函数与积分变换	3.0	2011年上半年	19	2.0	73	72/无	申请重修
08000150	计算机应用基础	4.0	2011年上半年	19	3.0	75	76/无	申请重修
08051150	电路理论	5.0	2011年上半年	20	6.0	74	78/无	申请重修
08001250	模拟电子技术	4.0	2011年下半年	20	1.0	80	77/无	申请重修
08003250	自动控制理论	4.0	2011年下半年	19	1.0	57	60/无	申请重修
08051350	数字电子技术	4.0	2011年下半年	19	1.0	88	82/无	申请重修
08054550	信号与系统	4.0	2011年下半年	20	1.0	96	68/无	申请重修

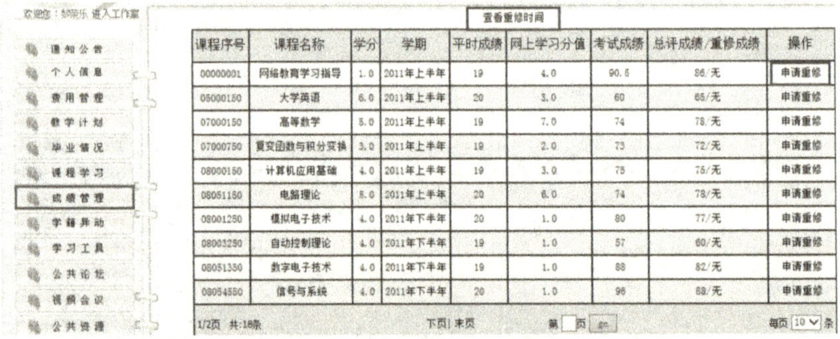

图 4.1.14 成绩管理界面

学生可以点击“查看重修时间”，查看各个科目的具体重修信息，点击“申请重修”，提交重修申请。

注销退出

学生通过点击“注销退出”，可以直接从学生工作室退出系统。

4.2 系统主要功能

4.2.1 课程辅导

平台的课程辅导功能如图 4.2.1 所示。

图 4.2.1　课程辅导功能界面

◆ 通知公告：学员可以通过"通知公告"查看可见的公告列表（图 4.2.2），点击"详情"可看到如图 4.2.3 所示的公告内容。

通知公告			
发布时间	公告标题	发布人	公告详情
2010-06-23	关于网络教育（综合类）2010年下半年教学安排相关工作的通知	教务部	详情
2010-06-18	关于做好网络教育综合类09级春季班学生毕业设计（论文）指导和答辩工作的通知	教务部	详情
2010-06-18	网络教育（综合类）08级秋季班本科毕业生毕业设计（论文）答辩和评阅工作的补充通知	教务部	详情
2009-09-29	远程与继续教育学院关于订购网络教育课件包的通知	院办	详情
2009-09-29	华中科技大学网络教育新生入学须知	院办	详情
2008-10-27	华中科技大学远程与继续教育学院网络教育（综合类）学生成绩考核实施细则（试行）	教务部	详情

图 4.2.2　通知公告界面

查看关于网络教育（综合类）2010年下半年教学安排相关工作的通知

关于网络教育（综合类）2010年下半年教学安排相关工作的通知
发布日期：2010-06-28 发布者：教务部

各学习中心、校内有关院系:
现将2010年下半年（以下简称下学期）网络教育综合类的教学安排及相关工作通知如下：
一、下学期所开课程从暑假开始学生可以上网自学，教师辅导答疑的教学开课时间为9月（2010级秋季新生网上开课时间为10月15日），2010年10月23～24日为08级秋季毕业班清理性课程考试时间，2011年1月8～9日为下学期课程期末考试时间。华中科技大学2009—2010学年度校历参见附件1。

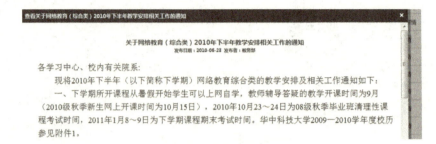

图 4.2.3 通知公告界面

◆ 学友录:好友查找功能,可以查看并添加本平台学员为好友,如图4.2.4所示。

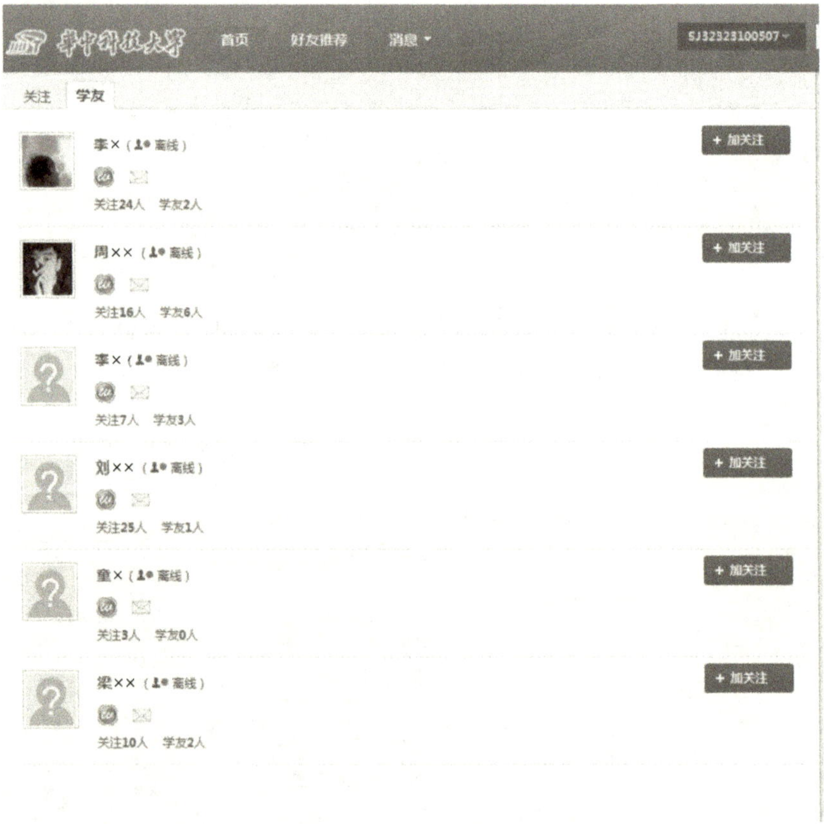

图 4.2.4 学友录界面

◆ 我的课程:正在学习的课程列表,如图 4.2.5 所示。

第四章　华中科技大学现代网络教育学习平台操作方法

图 4.2.5　我的课程界面

◆ 交互课堂：进行课程的交互学习，便于师生讨论，如图 4.2.6 所示。

图 4.2.6　交互课堂界面

◆ 以马克思主义原理课程为例，点击"交互学习"，进入"SNS 房间"，如图 4.2.7 所示。

在右侧会显示当前在线人数及参与者。启用主持人模式后，教师可对学生的发言进行控制，只有当学生发起会话申请且教师同意后才能说话。学生可在下侧对话框内输入发言内容，点击"发送"发送文字，也可在右下角点击"说话"进行发言。点击"静音"可屏蔽房间内所有声音。

图 4.2.7 交互课堂界面

◆ 教学计划:查看教学计划中课程列表及课程的学时学分,如图 4.2.8 所示。

图 4.2.8 教学计划界面

◆ 费用管理:查看缴费时间及缴费记录。

◆ 毕业情况:查看学生学籍信息及毕业状态,如图 4.2.9 所示。

第四章　华中科技大学现代网络教育学习平台操作方法　29

毕业情况

学号	SJ3232310****
姓名	姜×
学习中心	上海行知学习中心
年级	2003
专业	国际经济与贸易专升本
层次	专升本(3年制)
成绩审核状态	未审核
统考审核状态	未审核
学费审核状态	未审核
学制审核状态	未审核
终审审核状态	未审核

查看详细情况＞＞

图 4.2.9　毕业情况界面

点击"查看详细情况",跳转到如图 4.2.10 所示页面。

11007850	房地产估价	无成绩	3	未通过
11007950	房地产开发	无成绩	4	未通过
11008050	造价管理	78		通过
11042550	工程建设监理	无成绩	4	未通过
00000001	网络教育学习指导	无成绩	0	未通过

平均分：55.2　总学分：53

未选课程列表

课程编号	课程名称	学分
	无	

多选课程列表

课程编号	课程名称	学分	成绩	是否通过

毕业论文

论文题目	论文成绩	是否通过
	0	未通过

统考成绩

计算机基础	大学英语
无	无

学费状态
欠费

图 4.2.10　毕业情况详情界面

◆ 成绩管理：学员可以查看所学课程的信息及考试/重修成绩，满足相关条件可以进行免修。重修的申请如图 4.2.11 所示。

成绩管理

查看重修

课程序号	课程名称	学分	学期	平时成绩	网上学习分值	考试成绩	总评成绩/重修成绩	操作
00000001	网络教育学习指导	0	09年上半年	无	0	无	0/无	
05000150	大学英语	6	09年上半年	18	3.0	72	71/无	
07000150	高等数学I	5	09年上半年	17	3.0	79	75/无	
08000150	计算机基础1	4	09年上半年	18	3.0	82	78/无	
0803755	建筑力学	4	09年上半年	18	3.0	84	80/无	

图 4.2.11　成绩管理界面

点击“查看重修”按钮后进入图 4.2.12 所示页面。

重修时间

重修批次名称	2010年10月清理考试
重修申请开始时间	2012-11-03
重修申请结束时间	2012-11-21
考试开始时间	2012-11-27
考试结束时间	2012-11-30
重修提示	重修申请是一个功能按钮，是为有需要进行重修的课程申请用的，如果课程已及格不想重修就可以不用点它。

图 4.2.12　查看重修界面

◆ 学籍异动：学生在此处可以申请学籍异动，可以对年级、层次、专业和教学站点进行变更申请，管理员审核后可以进行异动，并能查看自己相应的申请记录及打印学籍异动信息，对于尚未审核的学籍异动，可以进行删除操作，如图 4.2.13 所示。

◆ 毕业论文：在此模块学生可以与教师交互，完成论文的选题，并查看论文成绩，当学生满足毕业时间条件时即可进入毕业论文相关流程操作。

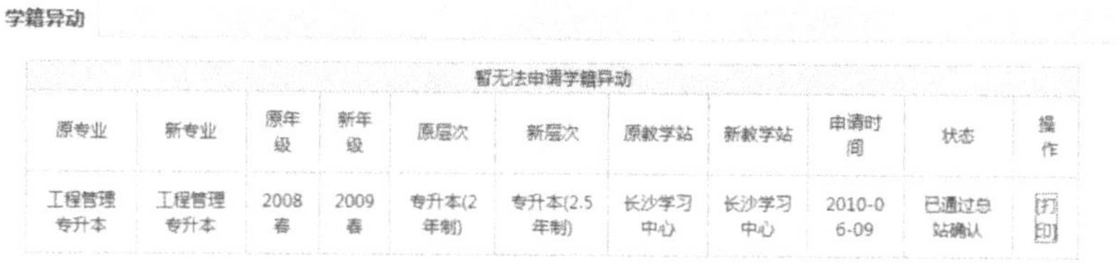
学籍异动

暂无法申请学籍异动										
原专业	新专业	原年级	新年级	原层次	新层次	原教学站	新教学站	申请时间	状态	操作
工程管理专升本	工程管理专升本	2008春	2009春	专升本(2年制)	专升本(2.5年制)	长沙学习中心	长沙学习中心	2010-06-09	已通过总站确认	[打印]

图 4.2.13　学籍异动界面

4.2.2　支持服务

支持服务功能主要是保证学员能够顺利地使用系统,并提供技术上的帮助。支持服务功能界面如图 4.2.14 所示。

支持服务
技术支持

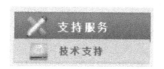

图 4.2.14　支持服务功能界面

◆ 技术支持:系统为学员提供技术支持,如图 4.2.15 所示,学员可通过电话或电子邮箱向技术人员反映平台问题。

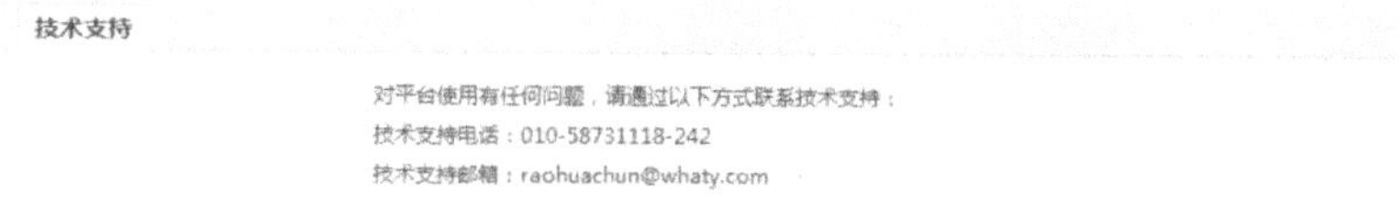
技术支持
对平台使用有任何问题，请通过以下方式联系技术支持：
技术支持电话：010-58731118-242
技术支持邮箱：raohuachun@whaty.com

图 4.2.15　技术支持界面

4.2.3　工具

工具功能是为学员提供学习交流的场所及站内信,如图 4.2.16 所示。

◆ 公共论坛:包括“学院通知”、“公开课”、“公共论坛”、“常见问题”、“返回首页”五项。首页默认显示“公共论坛”,学生可在“公共论坛”中留言或提问,工作人员会在一天之内回复,如图 4.2.17 所示。点击另外四项可进入相关链接查看详情。

图 4.2.16　工具功能界面

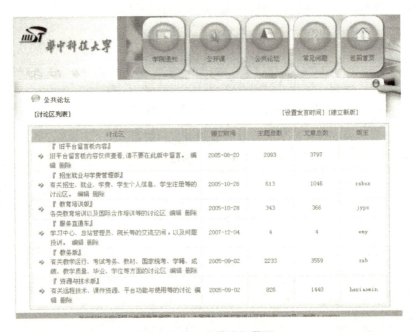

图 4.2.17　公共论坛界面

◆ 视频会议：链接到"网络实时课堂（会议）系统"，如图 4.2.18 所示。

◆ 公共资源：链接到"超星数字图书馆"，学生可在里面查询和阅读书籍，如图 4.2.19 所示。

◆ 站内信：在收件箱查看学员之间发送的站内信息。如图 4.2.20 所示，学生还可以通过"写站内信"、"关注消息"等与站内其他人员相互联系和关注。

第四章　华中科技大学现代网络教育学习平台操作方法

图 4.2.18　视频会议界面

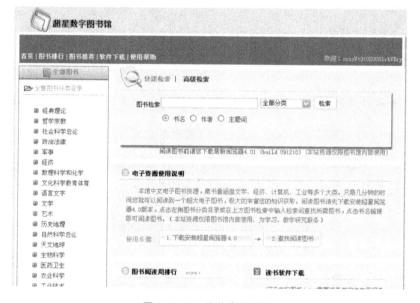

图 4.2.19　公共资源界面

图 4.2.20　站内信界面

4.3 主页上的其他功能

在平台顶端具有好友推荐、消息和搜索功能。如图4.3.1所示。

图 4.3.1　顶端功能界面

◆ 好友推荐：如图4.3.2所示，通过"好友推荐"功能可以找到在同一平台学习的其他学员，便于学员之间的相互学习、沟通和讨论。

图 4.3.2　好友推荐界面

点击"好友推荐"，在空白框里输入需要查找的人名，点击"搜索"，可查找出相关用户，点击"加关注"关注该学生，如图4.3.3所示。

图 4.3.3　关注好友界面

◆ 信息发布：学员也可以随时发表个人动态与学习心得，如图4.3.4

所示。通过该模块学员之间可以进行交流。

图 4.3.4　信息发布界面

◆ 交流互动：如图 4.3.5 所示，通过该模块可以获取平台好友的动态并且进行回复评论和转发等操作。

图 4.3.5　交流互动界面

4.4　课程学习流程

学员可以通过首页的课程列表进入课程进行学习，也可以通过课程辅导模块中的"我的课程"进入课程学习。如图 4.4.1 所示：

每个课程后面有两个按钮："模拟题"和"开始学习"。

点击"模拟题"可进入在线考试系统，学生可以查看该课程下的在线考试以及题目内容，并按要求完成测试。

点击"开始学习"进入学习界面，如图 4.4.2 所示。

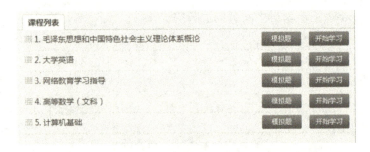

图 4.4.1　课程列表界面

图 4.4.2　开始学习界面

在"开始学习"界面右侧课程栏中,学员可以自主选择课件。进入课程界面后,通过鼠标滑到界面上方的按钮显示功能栏,主要的功能分为课程通知、导学资料、课程答疑、离线作业、小组学习、课程论坛、课程笔记。

◆ 课程通知:学员可以查看到最新发布的课程信息,如图 4.4.3 所示。

图 4.4.3　课程通知界面

◆ 导学资料:学员可以对课程学习中遇到的问题进行提问,通过教师与学员之间的交互进行问题解答。学员在导学资料中也可以下载该课程的课件,如图 4.4.4 所示。

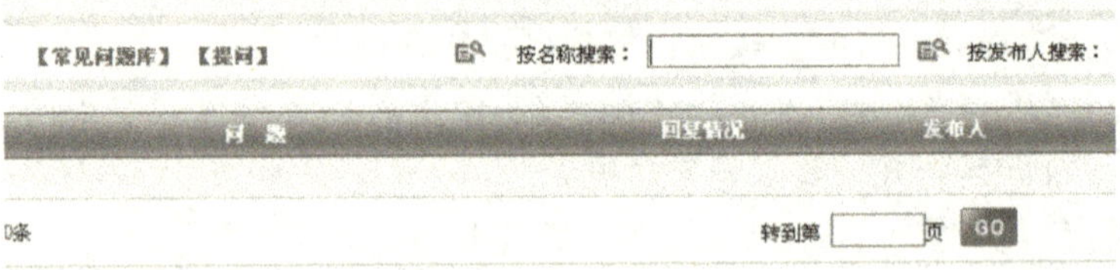

图 4.4.4　导学资料界面

◆ 课程答疑：点击"提问"，进入答疑界面，如图 4.4.5 所示。

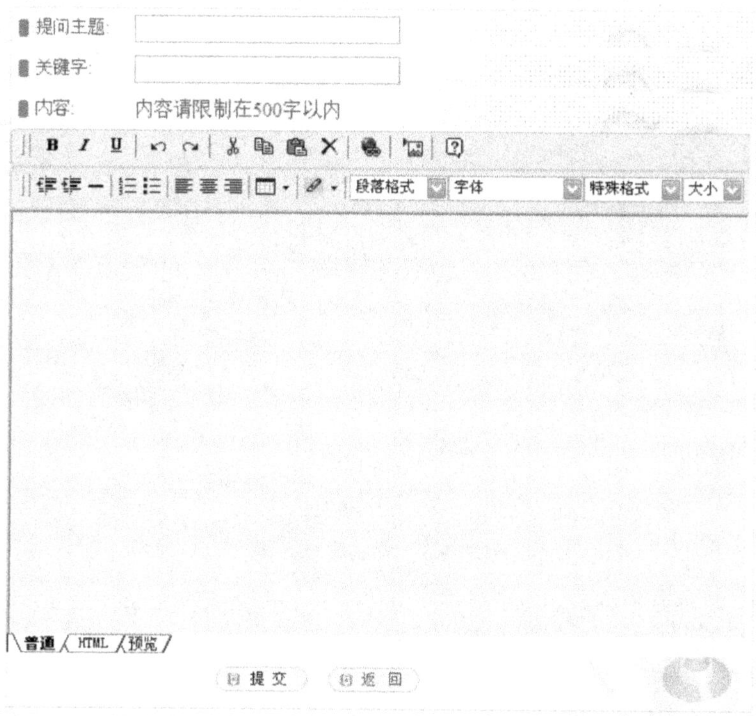

图 4.4.5　答疑界面

输入需要解答的问题，提交即可。

◆ 离线作业：可以看到教师布置的作业及作业状态，如图 4.4.6 所示。

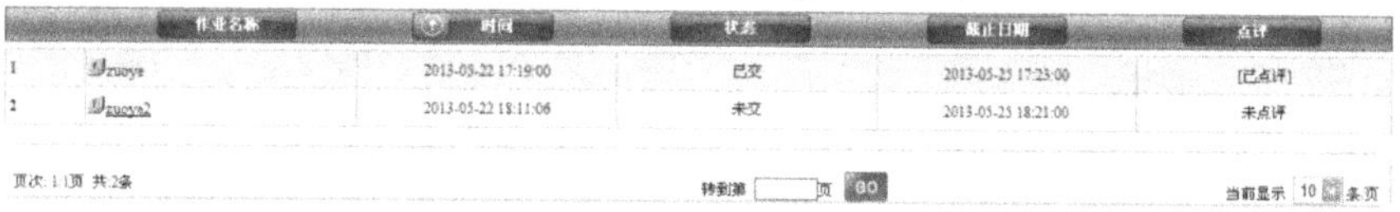

图 4.4.6　离线作业界面

点击"作业名称"进入作业界面，完成后提交。教师批改点评后会显示"已点评"，点击该链接后可查看点评信息。

◆ 小组学习：由老师进行学员分组后，学生可以在里面看见小组成员并可参与集体讨论和学习。

◆ 课程论坛：通过此论坛学员可进行课程信息的相互交流，如图4.4.7所示。

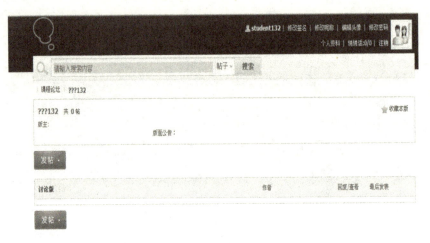

图4.4.7　课程论坛界面

◆ 课程笔记：学生可以对其学习作记录，形成自己的学习笔记，并能查看教师的笔记和其他同学的笔记，如图4.4.8所示。

图4.4.8　课程笔记界面

◆ 在线测试：学员可以根据所学习的课程在线进行测试。如图4.4.9所示。

图 4.4.9　在线测试界面

4.5　IPAD(平板电脑)学生客户端操作使用办法

4.5.1　平台登录

操作步骤如下：

(1)浏览器内输入域名 http://ipad.hust-snde.com 或 www.hust-snde.com,如图 4.5.1 所示。

图 4.5.1　平台登录界面

(2)输入用户名和密码,点击"登录"。如果用户名或密码输入错误可以点击"重置"后重新输入,即可登录平台。登录后各功能菜单即可一目了然,如图 4.5.2 所示。

图 4.5.2　登录后的平台界面

4.5.2　平台功能菜单介绍

1.个人信息

点击"个人信息"菜单按钮进入个人信息页面,即可看到登录学生本人的基本信息,如图 4.5.3 所示。

图 4.5.3　个人信息界面

(1) 修改个人信息

① 点击"修改个人信息"即可进入信息编辑页。其中，固定信息无法修改，如图 4.5.4 所示。

图 4.5.4　修改个人信息界面

② 将要修改的信息写好后点击"修改个人信息"按钮即可完成学生基本信息的修改，如图 4.5.5 所示。

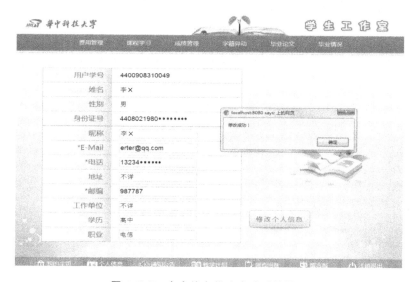

图 4.5.5　个人信息修改成功后的界面

(2)修改密码

①在个人信息页,点击"修改密码"即可进行新密码的设定,如图 4.5.6 所示。

图 4.5.6 修改密码界面

②首先输入正确的当前密码,再输入两次新密码,输入完成后点击"修改"按钮弹出修改信息框。如果有输入错误可以点击"重置"按钮后重新输入,如图 4.5.7 所示。

图 4.5.7 修改密码成功后的界面

③点击提示框的"确定",回到登录界面,需使用新密码重新登录。

2.通知公告

点击底部的"通知公告"菜单,进入通知公告列表,如图4.5.8所示。

图4.5.8　通知公告界面

如果对某条公告感兴趣,可以点击该条公告的标题将进入"公告详情"界面,如图4.5.9所示。

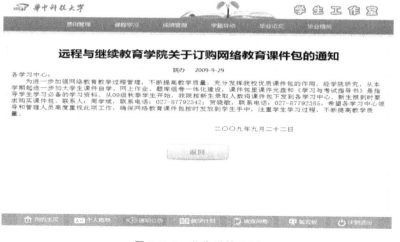

图4.5.9　公告详情界面

点击"返回"按钮,将回到公告列表页。

3. 教学计划

点击底部的"教学计划"菜单,可以查看到教学计划列表,如图 4.5.10 所示。

课程名称	课程类型	课时	学分	考试类型
网络教育学习指导	必修	16	0	不详
马克思主义原理	必修	32	2	不详
公共经济学	必修	64	4	不详
经济学原理	必修	128	8	不详
政治学原理	必修	80	5	不详
公共政策学	必修	80	5	不详
行政学原理	必修	80	5	不详
公文写作	必修	48	3	不详
文科数学	必修	80	5	不详
管理学原理	必修	64	4	不详
组织行为学	必修	64	4	不详
城市管理学	必修	80	5	不详
电子政务	必修	48	3	不详

图 4.5.10 教学计划界面

4. 调查问卷

点击"调查问卷"菜单,可以看到当前正在进行的调查问卷列表,学生可以回答学院发布的调查问卷,并查看自己回答完的调查问卷。如图 4.5.11 所示。

(1)问卷作答

①点击某条调查问卷后的"详细"按钮,可以进入调查问卷的详情页。如果点击的是还未完成的调查问卷,那么将进入回答问卷作答界面,如图 4.5.12 所示。

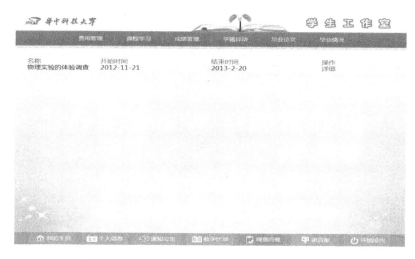

图 4.5.11　调查问卷界面

图 4.5.12　问卷作答界面

②进行作答后,点击右侧的"提交结果"即可完成本次调查问卷的回答,页面将调入问卷结果显示页。

③如果直接点击"查看结果",则可以看到目前学院学生进行的问卷回答结果示意图,如图 4.5.13 所示。

点击"返回"按钮,回到调查问卷详情页。

图 4.5.13 问卷回答结果示意图

(2)查看结果

如果登录的学生已经做过该调查问卷,则点击"详细"进入后只可查看问卷结果的详情页,如图 4.5.14 所示。

图 4.5.14 问卷结果详情界面

5.留言板

点击底部的"留言板"菜单进入留言板页面,进行留言。该留言将发给总站管理员,如图 4.5.15 所示。

图 4.5.15　留言板界面

6.费用管理

点击顶部的"费用管理"菜单,可以查看费用情况列表,如图 4.5.16 所示。

图 4.5.16　费用管理界面

7.课程学习

点击顶部"课程学习"菜单,进入学生所选课程及课程基本信息页,学生可在这里进行课程学习、课程答疑和资料下载等操作,如图 4.5.17 所示。

图 4.5.17 课程学习界面

(1)课程答疑

①点击"课程答疑"按钮,进入答疑列表页,如图 4.5.18 所示。

图 4.5.18 课程答疑界面

②学生既可以借鉴其他学生的问题,也可以自己提问。点击左上角"提问"按钮,进入问题编辑页,如图 4.5.19 所示。

图 4.5.19　问题编辑页

问题编辑完成后点击"发送"按钮,该问题即可发给教师。

8. 成绩管理

点击"成绩管理"菜单进行各门课程成绩的查看,如图 4.5.20 所示。

课程序号	课程名称	学分	学期	平时成绩	网上学习分值	考试成绩	总评成绩/重修成绩
05000162	大学英语(下)	5	09年上半年	17	0	无	-10/无
11000160	管理学	4	09年上半年	17	0	78	72/无
03005760	政治学原理	5	09年上半年	17	0	86	77/无
03050160	行政学原理	5	09年上半年	17	0	77	71/无
08000160	计算机基础2	3	2008年下半年	16	1.0	23.75	34/64
00000001	网络教育学习指导	0	2008年下半年	16	2.0	46.5	51/88
07000170	文科数学	5	2008年下半年	16	1.0	98	86/无
05000161	大学英语(上)	5	2008年下半年	16	2.0	20	32/56
02004560	经济学原理	8	2008年下半年	16	1.0	78	72/无
01000360	毛、邓、三思想概论	2	2009年上半年	16	0	无	0/62
11000360	组织行为学	4	2009年上半年	17	0	88	79/无
11012160	城市管理学	5	2009年下半年	16	0	80	72/无
05016760	公文写作	2	2009年下半年	16	0	77	70/无
11018360	电子政务	3	2010上半年	18	0	74	70/无
03006460	公共政策学	5	2010上半年	18	0	60	60/无

图 4.5.20　成绩管理界面

9.学籍异动

点击"学籍异动"菜单,可以进行学籍异动的申请及删除操作,如图 4.5.21 所示。

图 4.5.21 学籍异动界面

(1)学籍异动申请

点击"申请学籍异动"按钮,进入申请页面填写申请异动的信息,如图 4.5.22 所示。

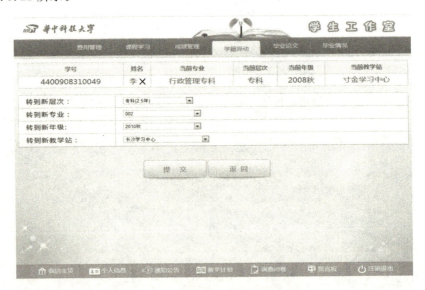

图 4.5.22 填写申请异动的信息界面

该页面顶部是学生当前的学籍基本信息,下面可以进行异动信息的选择。申请异动信息填写完成后点击"提交"按钮即可将此学籍异动申请提交给管理员,等待审核。

(2)删除申请

提交申请后,管理员审核前可以点击"学籍异动"菜单,删除异动申请,如图 4.5.23 所示。

图 4.5.23 删除异动申请界面

10. 毕业论文

点击"毕业论文"菜单,查看毕业论文流程,如图 4.5.24 所示。

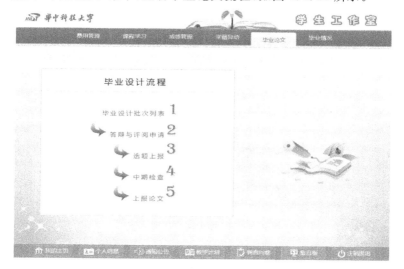

图 4.5.24 毕业论文流程界面

11. 毕业情况

点击"毕业情况"菜单,查看学生的毕业情况。首先进入的是毕业基本概况的页面,如图 4.5.25 所示。

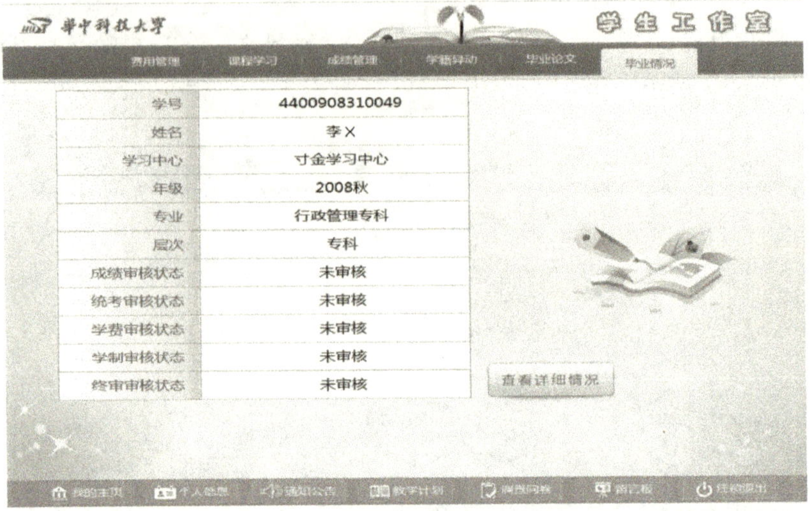

图 4.5.25 毕业基本概况页面

点击"查看详细情况"按钮,可以查看详情,如图 4.5.26 所示。

图 4.5.26 毕业情况详情界面

12.注销退出

点击右下角的"注销退出",用户的登录信息将被清除,页面将跳转到登录页面,如要继续访问需重新登录。

第五章
华中科技大学网络教育学习指导

本章将介绍华中科技大学(以下简称"我校")网络教育的学习方法、学习流程以及与学务有关的内容,方便大家做到心中有数,在具体操作过程中可以参考。

5.1 如何利用平台进行网络学习

5.1.1 登录华中科技大学现代远程教育学院(以下简称"我院")主页(www.hust-snde.com)下载《远程教育平台学生用户手册》

《远程教育平台学生用户手册》的内容对学生顺利适应网络学习至关重要。可直接到下载园地中下载。它将重点教会学生如何使用网络教学平台,这一平台将伴随学生在学院学习的全过程,使用熟练与否直接关系到学生能否顺利进行各项必须的操作,如提交作业、查看考试成绩以及学位申请(专升本学生)等等。上网认真浏览首页中"学习导航"和"教学园地"栏目中的相关内容,这些对学生更好的学习都是很有帮助的。

5.1.2 制订切实可行的学习计划

在领教材的时候,很多同学都询问课程表在哪里?什么时候开学?可见有的同学接受了多年传统教育,一下子还不适应网络学习的灵活性。作为网络教育的学习者必须经常关注我院网络平台首页"教学园地"里的有关内容和通知,明确如何利用好网络学习的灵活性,顺利完成课程学习,成功经验之一就是制订切实可行的学习计划。在制订学习计划时要考虑下列因素:所学课程的门数、学习内容的难易程度、作业提交日期、考试日期、每周可用于学习的时间等等。当然学习计划也不用精确到几分几秒,那样死板的计划就无法实现,所以建议学生可以计划每周需要完成哪些学习任务,同时也方便检查自己是否按时完成每周的计划,需要对下周的计划做哪些调整。制订好的学习计划可以和同学、教师及家人交流看看是否可行。

5.1.3 如何开始学习

收到录取通知书后,学习中心教师会告诉你登录平台的账号和密码,以此进入到我院平台学习。因为网络学习是远程学习的一种形式,以自学为主,有数以百计的同学同时在网络教学平台学习。因此,一定要制订学习计划,按照学习计划有效地进行学习,无需等到某个特定的时间开始学习。

对于刚刚开始网络学习的学生,我们给出以下的建议,希望有所帮助。

第一,课程的学习要从认真阅读网站首页每门课程的学习指导开始,然后快速浏览一遍教材,明确课程的内容结构,每门课程的光盘(课件)中都有教学大纲,你可以根据教学大纲的要求,一部分一部分地学习教师讲解,如果发现课件或光盘和教材的内容有不同之处,应该以教师串讲的内容为准(串讲具体时间请在网上查询)。

第二,按时提交作业、多做模拟题。提交平时作业不仅是教师检查学生学习情况的途径,而且是获得上网学习分值的途径,也是课程学习成绩的一个组成部分,一定要认真对待。模拟题和考试题的题型比较接近,同时也涵盖了考试大纲中的大部分内容,值得好好练习,吃透摸透。

第三,每周不少于两次访问学院的网络教学平台。首先,查看"最新通知"和"新闻中心"里的有关内容,了解学院和学习中心的最新情况及要求;其次,要以自己的身份登录到个人学习界面,点击所学课程"我的课程""进入交流园地"查看教师有没有上载一些辅导内容,特别要注意期末阶段的相关内容及要求。

第四,有问题一定要及时提出。课程学习方面的问题可以在"答疑"栏目中提出。关于教学管理方面的问题则可以向学习中心的教师或者总校的教师电话咨询,或者通过网络教学平台提问。

5.2 华中科技大学网络教育学习方式

1.请以个人身份登陆到网络学院平台(以学号为用户名,身份证号码为初始密码),在"我的课程"里点击"进入课件",可以点播课件听教师讲课,并结合教材进行自学(以课件、教师串讲内容和考前模拟题为主,教材和参考资料为辅)。

2.请在"我的课程"里点击"进入交流园地",在"在线作业"区交作业和进行辅导答疑(登录平台学习和网上交作业等计入课程成绩,总分10分)。

3.请在网络学院网站首页上公布的实时串讲课表中的"时间"菜单中点击"视频会议",在线接收教师实时串讲课程,如错过时间也可进入"实时系统"在线点播课程内容。

4.请点击网络学院首页登录区下面"考试系统"按钮,可以进行相应课程的考前模拟题在线自测练习。

5.3 华中科技大学网络教育学生网上学习流程图

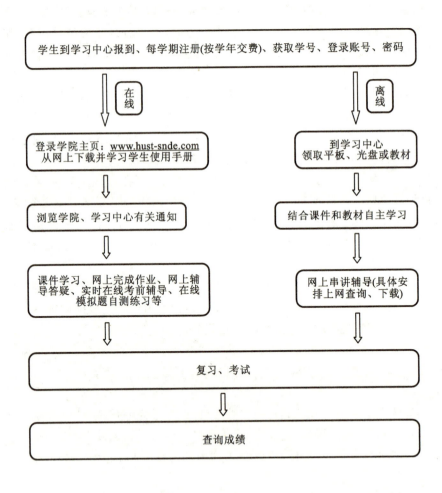

5.4 华中科技大学网络教育学习过程介绍

5.4.1 学习前的准备

1. 制订学习计划

学院采用弹性学年学分制。学生在开始学习时,可根据自己的实际情况,参考学院推出的专业课程,选择学习的层次、专业、入学时间、学习年限等,制订个人学习计划。

2. 办理入学手续

学生收到华中科技大学远程与继续教育学院录取通知和新生入学须知后,应于规定的时间内按照学院的要求到学习中心办理入学手续、交纳学费。因故不能按期办理入学手续者,必须向学习中心请假,并递交书面申请及有关证明。

3. 学籍注册

新生于学习中心办理完入学手续后,由学习中心在规定期限内,对已报到入学的学员进行网上入学注册,再由华中科技大学远程与继续教育学院对已注册学员生成学号后,由各学习中心向学员公布学号。在籍学生每学期必须按学校规定的时间到所在学习中心办理报到、注册手续。未经批准两周内不注册者,按自动退学处理。各学习中心应在每学期规定时间内将实际注册的学生在教学管理平台中进行学籍注册。

4. 导学阶段

入学学籍注册完成后,学生在学习中心领取学生证、《网络教育学习指导》,进入导学阶段。在学习中心的组织下进行入学教育,了解国家有关网络教育的法规政策和华中科技大学远程与继续教育学院的规章制度,掌握网络学习的基础知识,听取各专业教师的专业介绍和师资介绍等。

5. 领取教材和学习资料

5.4.2 网络课程学习

1. 纸介教材自学

学生在学习过程中应该以网络课程学习为主,把纸介教材作为参考资料来学习,这样才能取得比较好的学习效果。

2. 网络课程学习

网络课程学习与传统的课堂学习有很大区别,它主要是通过在线点播课件进行学习并通过学生工作室的"讨论"、"答疑"、"作业"等栏目实现互动学习。集学习栏目和交互功能为一体的网络课程,既提供教师讲课的视频录像,又提供包括教学辅导、学习资料、模拟试题等学习内容。网络课程的学习不受时间和地点的限制,学生可以在任何时间、任何地点登录网络课堂,从已选课程的任何章节开始学习。

3. 网上学习指导

每门课程都有辅导教师在教师工作室中以多种形式为学生进行网上学习指导。教师根据课程大纲的要求,发布导学资料,组织学习活动,进行考前辅导,布置在线作业,解答问题,指导学生顺利完成课程学习。学生可通过学生工作室的相关功能实现互动学习。为使学生更快地适应网上学习,现将我院的网上学习方法介绍给大家。

(1) 学院网站登陆方法。

点击华中科技大学网站(http://www.hust.edu.cn/)进入大主页,点击管理机构或院系设置,点击华中科技大学远程与继续教育学院进入我院主页。或直接输入华中科技大学远程与继续教育学院网址(http://www.hust-snde.com/ 或 http://snde.hust.edu.cn/,分别为公众网入口和教育网入口),直接登录我院网站。

(2) 教学平台登录方法。

登录我院网站,在用户登录区输入用户名、密码进入学生个人工作室。

(3) 实时交互系统登录方法。

登录我院网站,在实时课堂讲课期间从左下工具条里找到实时系统,输入用户名、密码进入实时交互系统。

4. 学院网站内容说明

学院网站教学服务主要由"学习导航"和"教学园地"两部分组成。

(1) "学习导航"的内容:

辅导答疑模块——主要内容是本学期教师实时和非实时辅导答疑的安排;

教学计划模块——主要内容是本学期执行的教学计划(执行教学计划列出了本学期各专业开设的课程)。

(2) 教学园地的内容:

课程安排模块——主要内容是教学日历及课程安排等相关信息(教学

日历是我院本学期教学的总体安排,每学期末公布下学期教学日历);

教材信息模块——主要内容是本学期教材版本;

考试考务模块——主要内容是本学期考试安排(期末考试日程安排一般考前一个月公布);

毕业设计模块——主要内容是本学期毕业设计(论文)指导和答辩的实施办法;

毕业指导模块——主要内容是学位申请的条件等。

5.面授辅导

网络课程学习以自主学习方式为主,学院原则上不统一举办面授教学,各地学习中心在向学院提出面授申请并获同意的前提下,可依据各门课程的特点和同学们的学习情况安排一定的面授辅导。

6.课程考试

课程考试是根据教学日历公布的信息采用集中笔试的方式进行。学院每年组织2次课程考试,时间分别在6月、12月。课程成绩通常由考试成绩、平时成绩和网上学习分值三部分组成,分别按70%、20%和10%的比例计入课程成绩。学生可以进入学生工作室查看课程考核成绩。

7.毕业论文

毕业论文写作是教学计划的重要组成部分,毕业论文综合地反映了学生是否具有大学毕业的水平。本科层次的学生必须在修完教学计划要求的全部课程并取得规定的学分后,再进行毕业论文写作。毕业论文写作办法参照《华中科技大学成人教育、网络教育毕业设计(论文)工作暂行条例》。

5.4.3 学生毕业

1.毕业登记

学生学完教学计划规定的全部课程、获得规定的毕业学分、考核成绩和思想品德鉴定合格者,可在规定时间内到所在学习中心办理毕业生登记手续。

2.学生毕业、学位申请

学生毕业阶段的工作统一由华中科技大学远程与继续教育学院教务部负责办理。课程平均成绩和毕业论文(毕业设计或毕业实践环节)成绩达到75分以上,通过省教育厅统一组织的学位英语考试,学校"学位主干课程"成绩总分达到240分及以上者,可提出学士学位申请,具体按《华中科技大学远程与继续教育学院学生学籍管理条例》第十一章相关规定执行。

3. 领取毕业证书

毕业证书将发放到各地学习中心,学生可到当地学习中心领取。

5.5 网络教育课程考核与成绩评定办法

5.5.1 综合成绩的组成与管理

综合成绩由平时成绩、网上学习成绩和考试卷面成绩三部分组成。平时成绩占20%,该成绩根据学生参加学习中心组织的课程辅导和书面作业的完成情况,由学习中心的辅导教师给出成绩,并在期末考试前从网上提交(百分制,总分为20分);网上学习成绩占20%,该成绩根据学生网上学习情况,即根据登录平台学习次数和网上交作业次数等由华中科技大学远程与继续教育学院(以下简称我院)教学管理平台上直接给出成绩;考试卷面成绩占60%,试卷批阅完成后,任课教师在规定的时间内将卷面成绩单签名后上报我院教务部网络教育办公室。对于考场出现雷同试卷的情况,任课教师有权认定考试成绩无效作零分处理。成绩管理员将合成后的综合成绩进行统计分析,对于成绩异常的考点将由教务部研究决定处理意见,最后将教务部部长签字盖章后的成绩单上传至教学管理平台公布,纸质成绩归档。

5.5.2 网上学习成绩的计算办法

1. 根据网络教育的特点,学生必须以个人身份登录我院教学平台进行学习活动,包括在学生工作室里看网上课件(结合教材)进行学习,完成教师布置的作业,通过实时串讲课进行考前复习并在线提问,通过网上答疑活动非实时地解决学习中遇到的问题。

2. 学生作业在网上工作室里完成。理工类课程作业一般2周不少于1次,每次不少于3道题。文史类课程作业一般每学期不少于2次,每次不少于2道题。

3. 网上学习成绩计算办法:

网上学习成绩满分为20分,由教学平台管理系统自动评分,评分办法如下:

(1)网上学习分值10分(按每学期十二周,每周学习不少于一次计算);

即:登录次数/6=分数(≤10分)

(2)网上辅导答疑、作业分值10分(按每学期五门课,每门课不少于两次作业计算)。

即:(提问＋交作业次数)/2＝分数(≤10分)

(3)网上学习成绩＝登录次数/6＋(提问＋交作业次数)/2

毕业设计(论文)根据其质量、答辩情况来评定成绩。指导教师与答辩委员会应写出评语,给出评分,经答辩委员会成员签名后生效。

分学期开设的课程,每学期按一门次计;单独考核教学计划规定的各种实验、实践环节以及毕业实习、毕业设计(论文)等,均按一门课程计。

5.6 免修、再修申请

1.免修

(1)入学前,在国家教育部所属的各类高等学校或国家自学考试已修过本校同类专业、同层次、相同教学内容的课程,且成绩考核合格者,可申请免修。

(2)凡申请课程免修的学生在开学后两周内,须向远程与继续教育学院教务部网络教育办公室提交课程免修申请、成绩单,并办理有关手续,逾期不予补办。

(3)免修课程不得超过培养计划规定课程的四分之一。

2.再修

(1)学生通过重修后考试仍不及格或已经及格的课程希望提高考试成绩,可申请再修。再修须经教务部批准并办理有关手续。

(2)凡办理再修手续的学生,应按规定时间参加再修课程的考试,无故不参加者,均视为自动放弃考试。

再修(重考)课程考试的卷面成绩为该课程的总成绩。对于在正常毕业年限内考试不及格的学生,可以申请补修该门课程的学分,参加所选课程的学习。重考手续在每学期开学后第二周到学习中心办理,第三周由学习中心从平台将《重修报名汇总表》报到我院教务部网络教育办公室。学生应及时通过自己的学号和密码上网查询考试成绩。如果对成绩有疑问,应于每学期开学后两周内向学习中心递交成绩复查表,第三周由学习中心汇总报到我院教务部网络教育办公室,收到汇总表后两周内由网络教育办公室答复。

5.7 学籍异动

5.7.1 转专业与转学习中心

学生一般不予转专业和转学习中心。如确有某种特殊原因要求转专业，需由本人提出申请，经教务部门签署意见后，报院长批准，方可转专业学习。转专业仅限于在同科类、同层次、同一年级中进行。

学生转入新专业后必须按转入的专业的培养计划修读全部课程和有关实践环节的教学内容。转入前所修课程的成绩若及格，且其学分与转入的专业的培养计划中相同或高于同类课程学分，该课程成绩有效；否则该课程成绩无效，必须按转入的专业的培养计划要求重新学习。其他成绩合格的课程，可作选修课记入本人学习成绩档案。

学生申请转专业、转学习中心，应在每学期开学后两周内办理。学生在办理转专业、转学习中心手续的过程中，必须遵守学校各项有关规定，不得无故缺课违纪，否则按有关规定处理。

5.7.2 休学与复学

学生休学一般以一学年为限（因病且经我院主管部门批准，可连续休学两个学年），累计不得超过两学年。凡休学一年者，复学后编入下一年级。学期结束前开始休学者，该学期按休学计算。休学期满仍不能复学或不办理复学手续者，予以退学。

学生休学或停学期满，应于学期开学前向所在主管部门申请复学，我院教务部门审批后，方可办理复学手续。复学的学生编入原专业相应的低年级或同一年级学习，并按学校规定交费。

附:学籍异动相关表格

华中科技大学远程与继续教育学院
网络教育学生转专业申请审批表

编号:

姓名		学号		专业年级	
入学时间		学习中心			
原专业		转入专业			
申请转专业的原因				学生签字 年 月 日	
学习中心初审意见				负责人签章 年 月 日	
学院审批意见				负责人签名 年 月 日 负责人签名 年 月 日	

备注:

1.学生转专业需本人书面申请,说明转专业的理由,报学生所在学习中心,签字盖章、汇总后上报华中科技大学远程与继续教育学院教务部网络教育办公室刘老师,联系电话:027-87792325。

2.因专业计划课程衔接问题,转专业一般只允许新入学学生在第一学期办理,每年办理转专业手续的时间规定为4月和10月。

华中科技大学远程与继续教育学院
网络教育学生转学习中心申请审批表

编号：

姓名		学号		专业年级	
入学时间		电话			
转出学习中心			转入学习中心		
申请转学习中心的原因				学生签字 年　月　日	
学费缴纳情况					
转出学习中心意见				负责人签名 年　月　日	
转入学习中心意见				负责人签名 年　月　日	
学院审批意见					

备注：

1. 学生转学习中心需本人书面申请，说明转学习中心理由，报转出和转入学习中心签字盖章后，由转入学习中心报送华中科技大学远程与继续教育学院教务部网络教育办公室刘老师，联系电话：027-87792325。

2. 每年办理转学习中心手续的时间为4月和10月。

3. 转学习中心手续只限在本校网络教育学习中心之间进行（限同一专业）。

华中科技大学远程与继续教育学院
网络教育学生休学申请审批表

编号：

姓名		学号		入学时间	
专业年级		学习中心		电话	
休学时间	年　月——　　年　月					
申请休学的原因	学生签名　　　　　　　　　　　　　　　　　　　　年　月　日				
学费和书本费缴纳情况	学生签名　　　　　　　　　　　　　　　　　　　　年　月　日				
学习中心初审意见	负责人签章　　　　　　　　　　　　　　　　　　　　年　月　日				
学院审批意见	负责人签章　　　　　　　　　　　　　　　　　　　　年　月　日				

备注：

1. 学生休学需本人书面申请，说明休学的理由，报学生所在学习中心，由学习中心签字盖章、汇总后上报华中科技大学远程与继续教育学院教务部网络教育办公室刘老师，联系电话：027-87792325。

2. 每年办理休学手续的时间为1月和7月。

华中科技大学远程与继续教育学院
网络教育学生复学申请审批表

编号：

姓名		学号		入学时间	
专业年级		学习中心		电话	
复学时间		编入年级			
复学理由说明				学生签名 年　月　日	
学费和书本费缴纳情况				学生签名 年　月　日	
学习中心初审意见				负责人签章 年　月　日	
学院审批意见				负责人签章 年　月　日	

备注：

1. 学生复学需本人书面申请，说明复学的理由，报学生所在学习中心，签字盖章、汇总后上报华中科技大学远程与继续教育学院教务部网络教育办公室刘老师，联系电话：027-87792325。

2. 因病休学复学时需提供县级以上医院的康复证明。

5.8 毕业、结业与肄业

具有本校网络教育学籍的学生,在允许的修业期限内学完培养计划规定的课程并通过各科实践性教学环节,成绩考核合格者;专科起点本科学生通过全国高校网络教育考试委员会的统考课程者,且修满培养计划规定的各类学分,达到毕业生基本规格要求者,准予毕业。

学生在允许的修业期限内学完培养计划规定的课程,尚有课程(或实践环节)不及格或缺修,且未达到退学规定,学校发给结业证书;其不及格或缺修课程(或实践环节)者可在一年内,申请返校参加课程的再修考试,如再修全部及格可换发毕业证书,如仍有不及格课程,则保留原结业处理不变。

学生修业期未满,但修读时间在一年以上而中途退学者(不含勒令退学和开除学籍者);或休满培养计划规定的总学分1/3者,学校发给肄业证书和已取得的学科成绩证明。肄业证书注明学习年限和所学专业。

结业生回校再修或补做,按学校有关规定交费。

5.9 学士学位申请条件

凡符合《湖北省学位委员会关于授予学士学位办法(试行)》规定的本科毕业生,学校授予学士学位,并颁发成人高等教育学士学位证书。

符合本办法以下条件者可申请成人学士学位。

1. 比较系统地掌握本专业的基础理论、专业知识,掌握本专业必要的基本技能、方法和相关知识;

2. 具有从事本专业实际工作和研究工作的初步能力;

3. 学生修完培养计划规定的全部课程,其所学各门课程平均成绩在75分以上(含75分);

4. 各专业规定的三门学位课程平均成绩在80分以上(含80分);

5. 湖北省成人高等教育本科生学士学位外语考试成绩合格或在本校通过国家大学英语四级考试;

英语专业各类本科生必须参加全国大学英语专业四级考试或湖北省成人高等教育本科生学士学位除英语之外其他语种的统一考试,且成绩合格;

6. 毕业设计(论文)等实践环节考核合格;

7. 学习期间未受留校察看或留校察看及以上处分。

5.10 统考

"统考"是指教育部对网络教育试点高校网络教育部分公共基础课实施的全国统一考试,即对我国网络高等学历教育部分公共基础课的全国统一测试,简称"统考"。自1999年在高校开展现代远程教育试点工作以来,我国网络教育呈蓬勃发展的趋势,试点规模不断扩大,发展顺利,取得了可喜的经验和成果,但在发展中也存在着一些问题,为进一步加强网络教育的规范管理,提高网络教育的社会声誉,确保网络教育人才培养的质量,促进网络教育健康、有序地发展,经教育部研究决定对现代远程教育试点高校(以下简称试点高校)网络教育学生的部分公共课实行全国统一考试。

5.11 华中科技大学网络教育学习咨询服务

学生在华中科技大学远程与继续教育学院学习过程中,如果遇到学习或教学管理方面的问题时,可通过以下途径及时解决。

一、查阅《网络教育学习指导》

各项教学管理及相关规章制度,以最新公布的《网络教育学习指导》为准。

二、与校外学习中心联系方式

登录网站的学习中心模块,浏览全部学习中心列表及各学习中心网站。

三、华中科技大学远程与继续教育学院服务信箱

教学信箱:wal@mail.hust.edu.cn

学院信箱:wlxy@mail.hust.edu.cn

四、华中科技大学远程与继续教育学院咨询电话

招生办公室:027-87792640

教务部网络教育办公室:027-87792325

资源与技术部:027-87792250

学院办公室:027-87792201

第六章
网络教育常见问题解答

1. 我国高等学历文凭有几种？

高等教育学历文凭主要有三种，即普通高等教育毕业（结业）证书、成人高等教育毕业（结业）证书、高等教育自学考试毕业（结业）证书。

以上学历证书由经国家教育行政主管部门批准备案的独立设立的普通高等学校（含设在成人高等学校、军事院校中的普通班，提供网络教育的机构）、成人高等学校（即广播电视大学、职工高等学校、农民高等学校、管理干部学院、教育学院、独立设置的函授学院）、民办学历高校发给其所举办的高等学历教育的专科毕业生，以及由社会力量办学单位发给高等教育自学考试的专科毕业生。

2. 为什么要对高等教育学历证书进行电子注册？

高等教育学历证书电子注册制度是为适应高等教育改革的需要，使高等教育能够健康发展，保证高等教育质量，维护国家学历制度和学历证书的严肃性，维护高等学校毕业生的合法权益，而于2001年建立的。实施高等学历教育的高等学校按国家招生规定录取的学生，所取得的学历证书均须进行电子注册。

3. 注册学历证书有几种？

注册学历证书分毕业证书、结业证书两种。

4. 我校网络教育学历证书是否参加电子注册？

华中科技大学（以下简称"我校"）是经国家教育部批准正式开展网络教育试点的高校之一，因此我校网络教育的本、专科毕业证书和结业证书均须参加教育部组织的高等教育学历证书电子注册。

5. 什么是"统考"？

"统考"是指教育部对网络教育试点高校（以下简称试点高校）网络教育部分公共基础课实施的全国统一考试，即对我国网络高等学历教育部分公共基础课的全国统一考试，简称"统考"。

6. 为什么要进行"统考"？

自1999年在高校开展网络教育试点工作以来，我国网络教育呈蓬勃发展的趋势，试点规模不断扩大，发展顺利，取得了可喜的经验和成果，但在发展中也存在着一些问题,为进一步加强网络教育的规范管理,提高网络教育的社会声誉,确保网络教育人才培养的质量,促进网络教育健康、有序地发展,经教育部研究决定对网络教育试点高校网络教育学生的部分公共课实行全国统一考试。

7. 我校网络教育对新生入学的要求是什么?

凡被华中科技大学正式录取的网络教育新生,按照华中科技大学远程与继续教育学院入学须知要求,持录取通知书按期到指定的学习中心办理相关入学手续并交费注册。因故不能按期入学者,应事先以书面形式向学生所在的学习中心请假。假期一般不能超过两周。未请假而旷课或请假逾期者,视为放弃入学资格,取消注册资格。

新生入学后,学校在按照招生规定对其进行复查。复查不合格者,由学校区别情况,予以处理,直至取消入学资格。凡弄虚作假、徇私舞弊取得学籍者,一经查实,立即取消学籍。

8. 什么是学分制?

学分制是以学分为计量单位衡量学生完成学业状况的一种弹性的教学管理制度。学分制是对传统学年制的一种根本性革命,与学年制有着本质的不同。学生能否毕业不以学年为限,而以修满规定的学分为准。

9. 什么是学分?

学分是度量课程的计算单位,也是学生修读课程所需时间的反映。我院规定的学分计算方法如下。理论教学课:每16个学时计1个学分;实验课:每32个学时计1个学分;实践教学环节如课程设计、毕业设计(论文)等:以每周1.5个学分计算。学生经注册批准选课后,所修读课程通过考核且成绩合格方能取得该门课程学分,否则,不能取得该课程学分。

10. 我校网络教育实行怎样的学制?

我校网络教育实行弹性学制,管理模式采用学分制管理。具体为:专升本学制为2.5年,学生在校学习时间不超过5年;高升专学制为2.5年,学生在校学习时间不超过5年。

11. 我校网络教育对毕业是怎样规定的?

具有华中科技大学远程与继续教育学院学籍的学生,在规定的学习年限内,德、体合格,修完教学计划规定的全部课程(含实践教学环节)并取得规定的各类学分(2004年3月1日后入学的专升本学生必须参加全国网络教育试点高校网络教育公共基础课统一考试且成绩合格),准予毕业,颁发华中科技大学(网络教育)毕业证书。

12. 什么是学位？学位与学历的联系与区别是什么？

学位是标志被授予者的受教育程度和学术水平达到规定标准的学术称号。学位不等同于学历，获得学位证书而未取得学历证书者仍为原学历，而取得大学本科毕业证书的，却不一定能够获得学士学位证书。

13. 我校网络教育对获取学位的规定是什么？

凡符合《中华人民共和国学位条例》规定的条件与《华中科技大学网络教育学士学位授予工作细则（试行）》规定及其它相关规定，并取得毕业证书者，经学校学位评审委员会审查批准后授予学士学位，颁发学士学位证书。

申报条件：

(1) 各门课程平均成绩达到75分以上（含75分）；

(2) 各专业规定的三门学位课程平均成绩在80分以上（含80分），即总分达到240分；

(3) 通过湖北省教育考试院组织的"湖北省成人高等教育本科生申请学士学位外语考试"，或在华中科技大学校内参加全国大学英语四级考试且成绩在425分以上；

(4) 未受到留校察看及以上处分。

14. 我校网络教育对结业的规定是什么？

具有华中科技大学网络教育学籍的学生，在规定的学习时间内修完教学计划规定的全部课程，但因部分课程考试不合格，且不合格课程的学分累计不超过10个，或仅因毕业设计（论文）不合格者，经本人申请，学校批准后，可向其颁发结业证书。

对结业学生，在学校规定的最长年限内，允许在结业后参加相应课程的考试，或申请重做毕业设计（论文），成绩合格且达到了该专业的毕业要求，准予以结业证书换发毕业证书，若符合《华中科技大学网络教育学士学位授予工作细则（试行）》规定者可授予学士学位证书。

15. 新生入学的流程是怎样的？

凡被华中科技大学正式录取的网络教育新生，按照华中科技大学远程与继续教育学院入学须知要求，持录取通知书按期到指定的学习中心办理相关入学手续。

16. 为什么要进行电子图像采集？

电子图像是建立学籍档案必不可少的一部分，在入学后的各项教学、教务工作中都需要用到学生的电子图像，如制作学生证、学籍卡、成绩单、统考报名等。

17. 入学时的电子图像采集可以代替毕业生电子注册图像采集吗？

毕业生电子注册图像采集工作是为进行学历电子注册而进行的学生电子图像采集，它对照片的精度、大小、格式和命名规则等都有严格的规定。教育部规定，毕业生电子注册图像由各地新华社分社统一采集。因此，入学时的电子图像采集不能代替毕业生电子注册图像采集。

18. 为什么注册后要进行学籍资料核对？

学生录取后进行注册时，学籍资料采用学生的报名数据。在填写、录取过程中，由于各种因素，可能存在学籍资料不准确的情况。为了保证学生资料的正确性和完整性，学生注册之后应该进行学籍资料核对。

19. 怎样进行学籍资料的核对？

学生在获得学号和密码后，应该立即登录我院网站（http://www.hust-snde.com)，用学号和密码进入个人中心。学生根据自己的实际情况对不符合实际的信息进行修改操作。学生修改资料之后，应该立即向所在学习中心反映此情况，主动提供相关证件的复印件，便于学习中心进行确认。学习中心确认之后，学籍资料才能修改，如姓名和身份证号码有误，只能通过学习中心与我院联系方能修改成功。

20. 如何办理转专业？

学生因为工作等特殊原因需要转专业的，应由学生本人在开学后两周内提出书面申请，具体方法为：登录我院网站后在个人工作室里"浏览公告"中的"相关表格下载"里下载《华中科技大学远程与继续教育学院转专业申请表》并手工填写，交给所在学习中心，经学习中心同意并签署意见后，由学习中心统一上报到我院教务部网络教育办公室。教务部网络教育办公室将审批结果返回到学习中心。教务部网络教育办公室审批通过的，在规定时间内办理完毕转专业手续，并同时办理购买新教材等手续。学生转入新专业后，对照该专业的教学计划，在转入之前未参加学习的规定课程，必须进行重修。

21. 如何查询每学期的课程表？

登录华中科技大学远程与继续教育学院网站进入"教学园地"后，点击"课程安排"，即可查看本学期自己的课程表。

22. 如何查询考试成绩？

在学生登录进入个人工作室后，点"成绩查询"，就可以在右边的框图中查看到自己的所有成绩，这些成绩是按学期排列的。

23. 如何查询考试安排？

在学院首页"教学园地"中点击"考试考务"后，在右边框图中即可查看到本学期的考试安排，包括考试科目、考试时间及考试地点等信息。考试安排一般在考前一个月左右公布。

24. 如何报名参加补考？

教学计划中规定的课程没有通过的，必须参加重修。重修一般安排与期末考试相同课程一同进行。补考报名一般在每学期的第2周左右开始进行，以我院网站公布的通知为准，报名在网站上进行。

25. 如何办理转学习中心？

学生因工作调动、家庭搬迁等特殊原因需要转学习中心的，应由学生本人在开学后两周内提出书面申请，具体方法为：登录我院网站后在个人工作室里"浏览公告"中的"相关表格下载"里下载《华中科技大学远程与继续教育学院转学习中心申请表》，填写后交给所在学习中心，该学习中心同意并签署意见后，交到需要转至的学习中心，经该学习中心同意并签署意见，再上报到我院教务部网络教育办公室。教务部网络教育办公室将审批结果返回到原学习中心。教务部网络教育办公室审批通过的，学生在规定时间内办理完毕转学习中心手续，开始在新学习中心学习。

26. 如何申请学士学位？

凡符合《湖北省学位委员会关于授予学士学位办法（试行）》条件的学生都可申请学士学位。申请学士学位的方法为：登录我院网站，进入"教学园地"板块，点击左侧菜单栏中的"学位申请"，按要求填写即可。申请学士学位的具体时间请见期末在我院网站上公布的通知。

27. 什么是毕业设计（论文）？

毕业论文是本科阶段学业的最后一个环节，目的在于总结学习专业的成果，培养综合运用所学知识解决实际问题的能力。从文体而言，它也是对某一专业领域的现实问题或理论问题进行科学研究探索的具有一定意义的学术论文。

28. 为什么要做毕业设计（论文）？

通过毕业设计，使学生受到理论联系实际的训练，培养学生运用所学的基础理论、基本知识和基本技能，用以分析、解决工程、科研、社会实际问题的能力；培养学生正确的思想方法，树立严谨的治学态度。使学生得到科研能力等方面的初步训练。

29. 网络教学环境下如何进行毕业设计（论文）？

由于网络教育是一种全新的教学模式，与传统的教学模式相比，它具有远程、分散、教学双方的交流不够直接等特点。因而,网络教育的毕业设计除了具有传统教学方式普遍具有的共性特点外,还具有自身个性的特点。针对网络教育毕业设计教学工作的特点,学院开发了网上毕业设计平台,同学们可以通过该平台上传自己的设计或论文,指导教师也通过该平台对学生进行指导。

30. 毕业设计(论文)如何选题?

毕业设计(论文)的选题一般不宜过大,内容不宜太复杂,但要求有一定的创见性。鼓励学生结合自己的工作实际情况自拟题目,但必须通过指导教师审核同意后方可进行。

31. 毕业设计(论文)的成绩如何评判?

毕业设计(论文)结束后,学院将组织各专业的教师组成答辩小组,对学生的毕业设计(论文)进行答辩。在答辩过程中,学生要对自己的设计(论文)进行简要说明,并回答教师提出的问题。答辩小组根据学生的答辩情况给出毕业设计(论文)的成绩。

32. 网络教育的学生是怎样学习的?

网络教育学生的学习,有别于普通高校校园内学生的学习,其最大的区别是学生以自学为主,通过课件光盘和网上教学平台进行学习,同时接受必要的面授辅导。

由于师生异地,"教"与"学"在时间上、空间上分离了,学生"以自学为主"是网络教育的特点,学校组织的教学活动也有别于以面授为主的普通高校。各校外学习中心为学生提供完备的学习材料(如多媒体教材等)、学习条件(如视听阅览室、计算机多媒体教室、语音教室、网络机房等)和各种学习支持服务(如咨询答疑电话、电子信箱、网上教学平台、双向视频答疑等)。

同学们在网络学习中要确保做好自主学习的环节。自主学习有赖于学习者的主动参与,自主学习也是网络教育中主要的学习方式,自主学习包括:自己独立学习(网上点播课件、看文字教材、做作业等)、师生间的问题交流、同学之间的主动交流以及其他形式的交流等等。

网络课程的学习与传统的教学相比既有共同点也有不同点,要掌握好的学习方法才能够事半功倍。网络教育远程学习,应制订好学习计划,做好学前准备和课后整理,并综合使用各种学习资料,做好作业和练习。

33. 如何做好学前准备?

目前我校网络教育主要采用课件学习的方式,建议学习课件前要做好准备,调整好自己的心态和情绪,掌握最适合自己的学习方法。每次学习前应当预习课程内容,了解主要的知识点、课程的难易程度、涉及到的习题,尤其对自己不懂的地方要做好记录。

34. 如何做好作业和练习?

教师将根据课程内容的不同而提供不同的在线自测练习和离线作业,学生须按照教师的要求,认真、及时地在线提交作业。完成作业将是获得平时成绩和参加考试的前提条件。

35. 如何综合使用网上资料?

华中科技大学远程与继续教育学院网站上为同学们提供了内容丰富、形式多样的 Web 辅助课件(有学习重点、教学大纲、考试大纲、模拟试题等)、教学管理、课程信息、考试信息、答疑资料、常见问题解答等学习参考资料,了解、掌握这些信息,可以使学习更有针对性,会收到事半功倍的效果。因此,同学们要经常上网浏览、综合使用这些信息。

36. 如何做好复习考试的准备?

复习阶段学生须参考课程的学习重点,把教师讲课的内容从头到尾整理一遍,以加深印象;重点针对教师导学、串讲课件和考前模拟自测题进行复习,不懂的地方可到教材或网上寻找答案,也可向同学、教师们请教。考试前要调节好复习时间和身体状况,准备好考试所需的证件、学习工具和资料,要提前半小时到考场,以良好、平和的心态参加考试。

37. 怎样进行学习交流?

学习交流的方式很多,如课程论坛、E-mail、语音教室、电话等等。

建议同学们每天上网登录"华中科技大学远程与继续教育学院主页"浏览一次。了解最新的信息或寻找问题的答案,这不但能巩固自己所学的东西还可以帮助别的同学。遇到不懂的问题要在个人工作室的课程答疑区向辅导教师提问。及时汇报学习情况。无上网条件的学生可利用电话、信件等其他方式取得联系。

38. 怎样利用好学校提供的学习条件?

华中科技大学远程与继续教育学院为同学们提供学习资源和相关的教学支持服务。华中科技大学远程与继续教育学院的必修课程都为同学们提供了教学大纲、考核说明、教材及多媒体课件,以及网上辅导和教学信息、直播课堂等教学资源。

所在学习中心将为同学们的学习提供必要的设施,指定专业教师进行辅导、答疑、批改作业、上面授辅导课以及为同学们提供学习方法指导、咨询服务和其他学习支持服务。同学们有充分利用这些设施和服务的权利。

39. 怎样处理好工学矛盾?

在职、业余学习的成年人如何处理好工学矛盾?每个人的具体情况各不相同,没有一个适合所有人的万全之策。下面的建议也许可以帮助你缓解工学矛盾。

(1)计划好时间。每一天、每一月的时间虽然是固定的,但对你来说却是有弹性的。如果你能够事先计划好你的时间,学习时间是可以挤出来的。

(2)保持旺盛的精力。做到生活有规律,注意饮食营养并保证充足的睡眠,保持适量的运动和休息,这些都能够帮助你以旺盛的精力投入工作和学习。

(3)养成自主学习的习惯。很多人习惯于全日制学校的学习方式,难以适应在职、业余、自主学习的方式。但只要精心安排好自己的时间,把学习当作每天生活的一个组成部分,就会习惯成自然,工学矛盾将逐渐缓解。

(4)创造良好的学习环境。良好的学习环境是保证学习时精力集中,提高学习效率的重要因素之一。

(5)运用学习技巧,提高学习效率。如果能够掌握和运用一些学习技巧来提高学习效率和效果,就会充分有效地利用好有限的学习时间,最大程度地缓解工学矛盾。

40. 怎样树立学习信心?

在远程教育中,你要作为一个独立的学习者对自己的学习负起责任,学习过程中难免会遇到困难和挫折,这会不时地对你的学习信心提出挑战。树立和巩固学习信心,将是伴随你整个学习过程的一个重要任务。下面就怎样树立和增强学习信心提出一些建议。

(1)正确认识和评估自己的学习基础和学习能力,充分估计学习中可能出现的困难,制订一个符合自己客观实际的个人学习计划和总体学习目标。只有正确地评价和认识自己,客观地设定自己的期望值,才不至于因达不到过高目标而打击自己的学习信心。

(2)为每一个学习单元确定一个明确可行的学习目标,严格按照学习时间表完成每一个学习单元的学习任务和目标,平时脚踏实地地完成好每一个学习任务和目标就会获得小小的成就感,进而不断获得和增强学习信心。

(3)多与同学交流学习心得和体会,互相鼓舞学习信心,激发学习动机。尽可能多地获得家人、朋友和教师的关心、支持和鼓励,学习他人的成功经验,也有助于你增强学习信心。

(4)遇到困难和挫折时,正确分析它们产生的原因,及时寻求教师、同学和其他人的帮助,找到解决问题的办法,消除它们带来的不良心理影响。

(5)为自己创造良好的学习环境,养成良好的学习习惯,掌握一些必要的学习技巧,提高学习效率和效果,这样就会逐渐增强你的学习信心。

41. 怎样养成自主学习的习惯?

同学们可以从以下几个方面来着手培养自主学习的习惯。

(1)合理分配每天的学习任务。把自己的学习任务分解成每天能够完成的单元,并坚持当天的任务当天完成的原则,无论如何不能给自己以任何借口。

(2)合理规划每天的时间。把必须完成的工作尽可能安排在工作时间内完成,把既定的学习时间保留出来,养成利用每天的零星时间学习的习惯。

(3)按照既定的时间表行事。学习时间表可以帮助你克服惰性,使你能够按部就班,循序渐进地完成学习任务,而不会有太大的压力。

(4)及时复习。为了使学习能够有成效,应该养成及时复习的习惯。及时复习可以巩固所学的知识,防止遗忘。

(5)养成做笔记的习惯。做笔记既可以帮助你集中精力思考、总结和归纳问题,加深对学习内容的理解和记忆,又可以把学习内容中的重点记录下来,便于以后查阅和复习。

附1
华中科技大学成人教育、现代远程教育考试管理暂行条例

第一章 总则

第一条 为加强成人教育、现代远程教育考试管理,保证教学质量,使考试管理工作制度化、规范化和科学化,根据国家教育部门有关文件的规定与要求,结合我院实际情况,特制定本条例。

第二条 本条例所指的考试包括成人教育、现代远程教育课程结束性考试、重修(重考)、再修(再考)、抽考等类型。

第三条 考试是检查教学质量的重要手段。考试的主要目的是根据教学大纲的基本要求,客观地检查与评价学生对主要教学内容的掌握程度及综合应用创新能力。

第四条 考试管理工作在远程与继续教育学院(以下简称学院)统一领导下进行,由学院教务部各办公室、医学部、专业主办院(系)、学习中心、教学站具体组织实施。

第五条 考试方式可分为闭卷、开卷、口试、笔试等。对于大型作业(设计)、生产(专业)实习和毕业设计(论文)等实践教学环节可采用操作考试和答辩评定成绩。主干课程原则上实行闭卷考试。

第二章 考试命题

第六条 课程命题一般由主讲教师负责。抽考课程的命题由学院组织,由学院教务部有关办公室、医学部分别从试题库中随机抽题。

第七条 各类课程的考试命题要充分考虑成人教育、现代远程教育的特点,试题内容科学合理,重理解、轻记忆,突出"够用"、"实用"、"会用"。

第八条 课程命题要充分体现考试目的,反映本门课程的基本教学要求,突出"基本概念、基本方法、基本技能",突出反映学生应用所学知识分析解决问题的能力。命题要以教学大纲和教材为依据,要反映本门课程的基本教学要求。试题份量应以中等程度的学生在两个小时内完成为依据,试题难易适度,能使考试成绩呈正态分布为宜。

第九条 开卷考试的命题要有较强的灵活性,要考核学生灵活运用知识的能力、综合能力和创新能力。

第十条 每门课程要求命两套难易程度、题量相当的试题,同时应配有标准(参考)答案和评分标准。

第十一条 编制试题的要求:

1. 编制试题时,要根据课程及考核内容的特点选择适当的题型,如选择题、名词解释题、阅读选择题、判断题、制图题、简答题、论述题、证明题、计算题、综合题、作文题、案例分析题、设计题等形式。

2. 试题表述应题意明确,文字通顺简洁,用词准确,图表、标点符号无误;不出现政治性、科学性的错误。

3. 各类试题均采用百分制,每题都应给出分值。单题最高分值不超过 20 分,最低分值为 1 分。

第十二条 组配试卷内容结构为:课程大纲中要求"掌握"的内容的试题占 60%～70%,并具有合理的覆盖面;要求"理解"、"能"或"会"的内容的试题占 20%～30%;要求"了解"、"知道"的内容的试题占 10%以下。

第三章 试卷印制与管理

第十三条 课程考试命题完成后,教研室主任或课程组负责人应根据命题要求审查签字。未经审查签字的试卷不得请印。请印时应根据考试学生人数印制足够的试卷。试题付印后,命题教师应认真校对,发现错误必须在考前更正。

第十四条 教学站点自聘教师的课程命题试卷应报请学院相关部室组织审查,审批后方可印制。

第十五条 试卷的印制。

1. 成人全日制教育、现代远程教育校内班、夜大学和函授教育专业主办院(系)的试卷,由学院教务部相关办公室、医学部安排主讲教师在指定地点印制。

2. 现代远程教育校外班的试卷,由学院教务部现代远程教育办公室、医学部负责印制。

3. 教学站点自聘教师的试卷,由教学站点负责印制。

第十六条 试卷、参考答案和评分标准在使用前属保密资料,命题教师及相关工作人员应严格遵守保密纪律,确保试卷安全。

第十七条 监考人员应在考前指定的时间内领取试卷,并妥善保管,赴外地监考人员不得携带试卷或答案在旅途中探亲访友或旅游,以防泄密或丢失。

第十八条 学习中心、教学站应提供安全保密的保管措施,并指定专人负责保管试卷和答卷。

第十九条 在试卷、答卷传递过程的所有环节中都必须有严密的交接手续和记录。如发现试题、答案遗失或泄密现象,应立即报学院教务部、医学部,并采取相应的补救措施。同时要认真查清事故原因及责任者,按有关规定做出处理。

第四章 考试的组织

第二十条 课程结束性考试的组织:

1. 成人全日制教育、现代远程教育校内班的课程结束性考试由有关院(系)安排;

2. 夜大学的课程结束性考试由学院教务部成人教育办公室安排;

3. 学院主办函授教育的课程结束性考试由函授站安排并报送教务部成人教育办公室、医学部备案;

4. 现代远程教育校外班的课程结束性考试由学院教务部现代远程教育办公室、医学部安排。

第二十一条 课程的抽考、重修(重考)再修(再考)由学院教务部相关办公室、医学部安排,有关院(系)配合做好相关工作。

第二十二条 院(系)、学习中心、教学站点未经学院同意,不得自行安排课程的抽考、重修(重考)、再修(再考)等类考试。

第二十三条 学院各类考试的考场管理均按本条例和《华中科技大学考场规则》执行。

第二十四条 主考教师必须按考试安排履行主考职责。确因故不能履行主考职责的教师应书面申请经学院批准同意后,可请相同学科的教师替代主考。

第二十五条 监考人员由远程与继续教育学院、有关院(系)、学习中心、教学站点共同选派。监考人员须经过上岗培训。

第二十六条 考生人数在60人以下的考场,应安排两名监考人员;61至100人的考场安排三名监考人员;100人以上的考场安排四名监考人员监考。

第二十七条 监考人员必须维持好考场内外秩序。设有三个以上考场的考点应指定主监考人。主监考要对该考点的考核工作全面负责,要认真做好考试的时间控制、考场纪律执行情况的检查、突发问题处理等管理协调工作。

第二十八条　主监考人员在执行监考任务时应佩带监考证,必须提前30分钟进入考场,监考人员应清理课桌抽屉,督促学生除考试必需的文具外,将书包和一切与考试无关的物品全部集中放置,并宣读《考场规则》。开考前5分钟,依次发放考试试卷和草稿纸。

第二十九条　编排考场座位方式:非阶梯教室,考生左右间隔两个座位;阶梯教室,除左右间隔两个座位外,前后还须间隔一排;考生座位应随机编排。

第三十条　学生持《学生证》或身份证按时进入考场,按考试卡编排好的座位就坐,不得擅自挪动座位。证件和考试卡应放在桌子的左上角,以便监考人员检查。凡遗失证件者须由有关部门开具证明,并注明学号,否则不得参加考试。

第三十一条　学生迟到30分钟及以上者,不得参加考试,该课程作旷考论处。学生因特殊原因不能参加考试,必须事前书面向相关部门申请缓考,否则作旷考处理。学生因不同课程考试时间发生冲突时,应以正常的主修课考试为主。

第三十二条　考试结束后,监考人员应立即按学号顺序清点试卷及答卷,并将有监考人员签字的考场记录一并装入试卷袋内。

第五章　评卷与成绩

第三十三条　阅卷教师必须严格掌握评分标准,实事求是、公正客观地评定学生成绩,不得过宽或过严,更不得任意提分、送分。

第三十四条　课程考试的综合成绩应包括平时成绩和考试成绩两个部分折算而成。平时成绩一般不高于课程综合成绩的30%。教师应严格按照评分标准评阅试卷,并按比例评定学生课程综合成绩。在评卷过程中,如发现雷同试卷,应立即上报学院审核,统一处理。

第三十五条　阅卷结束后,阅卷教师应将学生成绩登录在成绩单上,签字后连同试卷一并交学生所在管理部门,并向学生公布。已评阅试卷原则上应保留一年以上,不得随意遗弃处理。

第三十六条　成绩一经上报,任何人不得改动。学生对成绩有疑义要求复查试卷时,应提出书面申请,经学院领导批准,方能组织重评。

第六章　考试、考试工作纪律

第三十七条　考生应服从监考人员指挥,遵守考场纪律,树立良好考风,严禁考试作弊。凡有考试舞弊行为的,该课程成绩以零分计,并按《华中科技大学学生违纪处分条例》给予相应的处分。

第三十八条　考试工作人员应认真履行岗位职责,不得玩忽职守或以考谋私。有下列情形之一者将视情节轻重给予通报或警告以上行政处分。

1. 监考中未履行《监考守则》;
2. 评卷中责任心不强,造成错评、漏评、计分错误较多,经指出仍不改正的;
3. 工作不负责任致使考试内容泄密,造成严重后果的;
4. 丢失试卷、答卷的;
5. 利用监考或考核工作之便,为考生提供舞弊条件的;
6. 故意损坏考生答卷并造成严重后果的;
7. 包庇、掩盖、纵容舞弊行为的;
8. 打击、诬陷、报复考生的;
9. 玩忽职守,造成考点或考场纪律混乱、舞弊、抄袭严重的;
10. 对因考点、考场工作秩序混乱而造成的重大损失负有领导责任的;
11. 有其它违纪行为的。

第三十九条　处理考试中违纪行为的责任者时,要严格履行报批手续。学习中心、教学站点工作人员违纪需给予行政处分的可由学院提出意见交学习中心、教学站点处理。

第四十条　学生违反考试纪律受到处分的,处分材料归入学生档案;考试工作人员因违纪受到处分的,处分材料存入职工人事档案。

第七章　附则

第四十一条　本条例自公布之日起执行。解释权属远程与继续教育学院。

附2
华中科技大学成人教育、现代远程教育毕业设计（论文）工作暂行条例

毕业设计（论文）是成人教育、现代远程教育人才培养的重要教学环节。为了切实做好我校成人教育、现代远程教育的毕业设计（论文）工作，努力提高毕业设计（论文）质量，规范毕业设计（论文）教学过程管理，特制定本条例。

第一章 教学要求与课题选择

第一条 毕业设计（论文）的基本教学要求。

1. 培养学生综合运用所学知识、独立分析和解决实际问题的能力，培养学生的创新意识和实践能力，使学生获得科学研究或实际工作的基础训练。
2. 培养理论联系实际的工作作风和严肃认真的科学态度。
3. 进一步训练和提高学生的分析设计能力、理论计算能力、实验研究或实际应用能力、社会调查能力、经济分析能力、外语能力和计算机应用能力，以及查阅文献资料和文字表达等基本技能。

第二条 毕业设计（论文）环节分为选题及开题报告、设计或科学研究（撰写论文）和答辩三个阶段。

第三条 毕业设计（论文）的选题原则。

1. 选题应体现专业培养目标和基本规格，达到毕业设计（论文）的教学基本要求。
2. 选题应特别注意有利于学生综合应用所学知识，有利于学生能力的培养，并能保证各专业所应当具有的基本技能和工程训练。
3. 选题应与社会、生产、科研、教学、实验室建设和工程实践等实际任务相结合。
4. 课题难度和份量要适合学生的基本情况，使学生在规定的时间内工作量饱满，经努力能完成任务。
5. 要根据因材施教原则，有利于各类学生提高研究或工程技术水平和实践能力，在鼓励学生有所创新的基础上保证学生完成任务。

第四条 毕业设计（论文）的选题程序。

1. 由指导教师提出的毕业设计(论文)课题或社会合作单位提出的课题,经承办院系分管院长(系主任)审查批准后向学生公布,确定学生毕业设计(论文)题目及指导教师。

2. 各学习中心、教学站点须与专业主办院(系)协商提出课题,经专业主办办院系分管院长(系主任)审查批准,确定指导教师和指导方式,并负责向学生公布毕业设计(论文)题目。远程与继续教育学院主办专业的教学站点选题后报送学院主管部门审查批准。

3. 选题和指导教师一经确定,不得随意更改。

第五条 学生应在选题后的第2周前完成开题报告工作,包括查阅资料、文献综述、开题报告等。校本部学生在专业主办院(系)教研室或指导小组范围内作开题报告;校外学生开题报告时间、地点由学习中心或教学站点与指导教师商定,并将开题报告的具体安排提前报送远程与继续教育学院主管部门。

第二章 毕业设计(论文)规范化要求与形式审查

第六条 毕业设计(论文)文本结构。

1. 毕业设计(论文)任务书
2. 毕业设计(论文)题目、摘要、关键词
3. 毕业设计(论文)目录
4. 毕业设计(论文)正文(理工类):
(1)选题背景;
(2)方案论证;
(3)过程(设计或实验)论述;
(4)结果分析;
(5)结论或总结。

注:文科及其它学科,可根据学科特点,参照上述方式制定统一的正文结构。

5. 致谢
6. 附录
7. 参考文献

第七条 毕业设计(论文)文本结构内容的要求。

1. 毕业设计(论文)任务书、题目、摘要、关键词等要求由指导教师把关。

2. 论文文本每页必须有页码,目录中必须标明页码。

3. 毕业设计(论文)正文:正文内容序号为一、二、三、…;1、2、3、…;(1)、(2)、(3)、…。

主要结构包括以下几部分。

(1)选题背景:说明本设计课题的来源、目的、意义、应解决的主要问题及应达到的技术要求;简述本课题发展概况及存在的问题,本设计的指导思想。

(2)方案论证:说明设计原理并进行方案选择,阐明为什么要选择这个设计方案(包括各种方案的分析、比较)以及所采用方案的特点。

(3)过程(设计或实验)论述:指学生对自己的研究工作或工程设计实践工作的详细表述。要求论理正确、论据确凿、逻辑性强、层次分明、表达确切。

(4)结果分析:对研究过程或工程设计实践中所获得的主要的数据、现象进行定性或定量分析,得出结论、推论及设计方案特点。

(5)结论或总结:对整个研究或设计工作进行归纳和综合,阐述本课题研究或实践中尚存在的问题及进一步开展工作的见解和建议。

4. 致谢:简述自己通过本设计的体会,并对指导教师以及协助完成设计的有关人员表示感谢。

5. 附录:包括与论文有关的图表、计算机程序、运行结果,主要设备、仪器仪表的性能指标和测试精度等。

6. 参考文献:为了反映文稿的科学依据和作者尊重他人研究成果的严肃态度以及向读者提出有关信息的出处,正文中应按顺序在引用参考文献处的文字右上角用[　]标明,[　]中序号应与"参考文献"中序号一致,正文之后则应刊出参考文献,并列出只限于学生亲自阅读过的最主要的发表在公开出版物上的文献。

参考文献的著录,按著录/题名/出版事项顺序排列:

期刊——著者,题名,期刊名称,出版年,卷号(期号),起始页码。

书籍——著者,书名,版次(第一版不标注),出版地,出版者,出版年,起始页码。

7. 文字要求:文字通顺,语言流畅,无错别字,要求采用计算机打印成文。

8. 图纸要求:图面整洁,布局合理,线条粗细均匀,圆弧连接光滑,尺寸标注规范,文字注释必须使用工程字书写。要求学生使用计算机绘图。

9. 曲线图表要求:所有曲线、图表、线路图、流程图、程序框图、示意图等不准徒手画,必须按国家规定标准或工程要求采用计算机或手工绘制。

10. 份量要求:毕业设计(论文)正文字数本科不少于1万字,专科不少于6千字。

第八条 各院(系)、学习中心、教学站点须成立毕业设计(论文)形式审查小组,根据规范化要求负责组织毕业设计(论文)的形式审查工作。

1. 毕业设计(论文)的形式审查应在毕业答辩前完成,形式审查合格者由审查小组签字后方能参加答辩。

2. 凡形式审查不合格者必须返工,直到达到要求为止。

3. 对于在校外进行毕业设计(论文)的本部学生,其论文的形式审查应回校进行。学习中心、教学站点毕业设计(论文)由校本部教师或聘请的指导教师进行审查。

第三章 指导教师任职资格与主要职责

第九条 毕业设计(论文)指导教师应由具有讲师及以上专业技术职务的教师或具有工程实践和教学经验的工程师及以上专业技术职务的工程技术人员担任,助教、研究生不能单独指导学生毕业设计(论文),但可协助指导教师的工作。

第十条 学习中心、教学站点可以按上述规定就地聘请指导教师,其教师资质材料须提前一个学期报送远程与继续教育学院主管部门进行资格审核和备案,一经确定不得随意调换。

第十一条 指导毕业设计(论文)期间,全日制学生的指导教师必须坚守岗位,严格控制出差。确因工作需要非出差不可时,须经分管院长(系主任)批准,并委派相当水平的教师代理指导。

第十二条 指导教师指导毕业设计(论文)的学生人数一般不超过10人,鼓励有科研课题的教师指导毕业设计(论文),原则上做到所指导的学生每生一题(或子课题)。

第十三条 毕业设计(论文)指导教师的主要职责。

1. 提出课题,拟订任务书,编写指导方案,制订指导计划和工作程序。

2. 指导教师应在毕业设计(论文)内容上对学生提出具体要求,指定主要参考资料和社会调查内容,规定应完成的资料查阅、文献综述、开题报告、各项实验数据、计算工作(包括上机)、硬件制作、绘制纸图、毕业设计说明书或毕业论文等环节。

3. 负责指导学生作开题报告、组织调研、实验、上机运算等各项工作;在整个毕业环节中,应按培养计划要求保证对学生指导答疑的学时数,同时应采取多种方式检查学生的工作进度和工作质量。

4.承担校内毕业设计(论文)学生的指导教师,应指定时间和地点每周与学生见面两次以上,检查毕业设计(论文)的进度并答疑;承担校外毕业设计(论文)学生的指导教师,应定期与学生联系,了解毕业设计(论文)的进度并予以指导。

5.指导学生按规范化要求正确撰写毕业设计(论文)。

6.指导教师必须在学生答辩前对毕业设计(论文)、设计说明书、计算资料、实验报告、图纸或论文等进行审查,认真填写毕业设计(论文)考核评语并进行预评分,指导学生参加答辩。

7.学习中心、教学站点自聘的指导教师,应按照学校的有关规定做好毕业设计(论文)的各项工作。

第四章 毕业设计(论文)的组织与管理

第十四条 毕业设计(论文)工作在远程与继续教育学院主管院长统一领导下进行,实行分级管理。

第十五条 毕业设计(论文)的完成时间定为:四年制在第 8 学期;三年制在第 6 学期;二年制在第 4 学期。学生集中用于毕业设计(论文)的时间不得少于专业培养计划规定的周数。

第十六条 教务部主管部门负责院(系)、学习中心、教学站点毕业设计(论文)课题和指导教师的审核及备案工作,并实施毕业设计(论文)检查制度,对未达到各阶段进度、质量要求或违反有关规定的部门及个人提出整改要求。

第十七条 院(系)、学习中心、教学站点工作职责。

1.布置毕业设计(论文)工作任务。

2.审查毕业设计(论文)选题和课题任务书,安排指导教师,进行毕业设计(论文)工作动员。

3.对学生进行毕业设计(论文)资格审查。

4.定期检查毕业设计(论文)工作进展情况,协调处理毕业设计(论文)中的有关问题,考核指导教师的工作。

5.组织毕业设计(论文)答辩和成绩评定工作,复查成绩评定情况。

第十八条 严格毕业设计(论文)资格审查制度。

1.凡累计 8 门以上(含 8 门)课程不及格者不得进入毕业设计(论文)

阶段。

2. 严禁弄虚作假，对抄袭、套用他人成果者，其毕业设计(论文)成绩按不及格处理。

3. 毕业设计(论文)期间，全日制班学生无故缺席按旷课处理；缺席时间达四分之一以上者，不得参加答辩，其成绩按不及格处理。

第十九条 毕业设计(论文)不及格或不能按期完成的学生，作结业处理。一年内可申请随下届毕业生补作一次。

第五章 毕业设计(论文)答辩与成绩评定

第二十条 各院(系)应成立毕业设计(论文)答辩委员会，根据毕业生人数和专业分布，下设若干答辩小组，每组 3～5 人。答辩工作可聘请校内同行专家参加。如确因课题需要，必须聘请校外人员参加时，须报请院系分管院长(系主任)批准。

第二十一条 远程与继续教育学院主办专业的教学站点的毕业设计(论文)答辩委员会由远程与继续教育学院和相关教学站点共同组建。毕业设计(论文)答辩委员会由站点负责人、教师、工程技术人员或教学管理人员共同组成。

第二十二条 答辩委员会负责学生毕业设计(论文)答辩前的形式审查，答辩过程的指导、协调和督察，对专业答辩小组提出的优秀和不及格的毕业设计(论文)进行复核并最终确定成绩。

第二十三条 答辩小组负责安排答辩程序，主持答辩过程，评定学生成绩并写出评语。

第二十四条 校外网络教育学生可采用视频答辩方式进行。凡采用视频答辩方式的学习中心须提前 6 周向远程与继续教育学院教务部网络教育办公室申请，教务部做好答辩卫星教室安排和时间安排，并通知有关专业主办院(系)、学习中心做好相关准备工作。

第二十五条 毕业设计(论文)成绩评定。

1. 评定成绩要严肃认真，坚持标准，实事求是，客观反映学生的真实水平。

2. 毕业设计(论文)成绩评定采用百分计分制：90 分以上(优秀)、80～89 分(良好)、70～79 分(中等)、60～69 分(及格)、59 分及以下(不及格)。

3. 毕业设计(论文)成绩"优秀"比例不得超过 15%；良好比例控制在 40%以内；其余为中等、及格和不及格。

4.答辩结束后,各小组向答辩委员会提交成绩,由答辩委员会主任、副主任共同签字后成绩生效。

第六章 毕业设计(论文)答辩结束后工作要求

第二十六条 毕业设计(论文)工作结束后,所有的毕业设计(论文)资料(包括图纸、试验记录、原始数据、打印本等)学生不得自行带走,由院(系)、学习中心、教学站点负责收回作为教学资料妥善保存,整理归档。

第二十七条 各院(系)、学习中心、教学站点抽取所在专业毕业设计(论文)中的20%(其中:优秀50%、良好30%、中等20%)送交远程与继续教育学院教务部作为教学资料保存。

第二十八条 在毕业设计(论文)结束后2周内,各院(系)、学习中心、教学站点要认真做好毕业设计(论文)工作总结,并将总结材料报送远程与继续教育学院教务部。

第七章 附则

第二十九条 本条例自公布之日起执行,由远程与继续教育学院负责解释。

附3
华中科技大学远程与继续教育学院本科毕业生授予成人学士学位实施办法

第一章 总则

第一条 为进一步规范远程与继续教育学院(以下简称学院)各类本科毕业生成人学士学位授予工作,确保成人学士学位授予质量,依据《湖北省学位委员会关于授予学士学位办法(试行)》(鄂学位[1999]003号)、《省人民政府学位委员会关于调整自学考试本科毕业生学士学位授予条件的通知》(鄂学位[2005]11号)、《华中科技大学学位授予工作细则》(校学位[2005]5号)等文件精神,并结合我院实际情况,特制定本办法。

第二条 学院成人高等教育、现代远程教育、高等教育自学考试等各种教育形式培养的本科毕业生,均可按照本办法的规定申请学士学位。

第三条 成人学士学位授予工作应遵循"坚持标准,严格把关,保证质量,宁缺毋滥"的原则。

第二章 成人学士学位申请条件

第四条 符合本办法以下条件者可申请成人学士学位:

(一)比较系统地掌握本学科、专业的基础理论,专业知识,掌握本专业必要的基本技能、方法和相关知识;

(二)具有从事本专业实际工作和研究工作的初步能力;

(三)成人教育、现代远程教育等本科学生修完教学计划规定的全部课程,其所学各门课程平均成绩在75分以上(含75分);高等教育自学考试的本科学生所学各门课程全部合格;

(四)成人教育、现代远程教育各专业规定的三门学位课程平均成绩在80分以上(含80分),高等教育自学考试各专业规定的三门学位课程平均成绩应达到70分,其中单科成绩不得低于65分;

(五)湖北省成人高等教育本科生学士学位外语考试成绩合格或在本校通过全国大学英语四级考试;

英语专业各类本科生必须参加全国大学英语四级考试或湖北省成人高

等教育本科生学士学位其他语种的统一考试，且成绩合格；

非英语专业高等教育自学考试本科生必须经湖北省成人学士学位外语考试，成绩合格；全国大学外语四级考试不能替代成人学士学位外语统一考试；

（六）毕业设计（论文）等实践环节考核合格；

（七）学习期间未受留校察看或留校察看以上处分。

第五条 对于学院成人教育、现代远程教育本科生在毕业时没有获得成人学士学位的往届毕业生，可在其毕业之日起一年内、自学考试本科生在其毕业之日起 6 个月内可申请，若达到成人学士学位授予条件者，可按本办法规定的程序填写相关表格后随下届毕业生申报。超过时间则不予受理。

第三章 成人学士学位申请及审批程序

第六条 学院以各种形式培养的本科毕业生，达到本办法规定的有关条件和要求均可提出成人学士学位的申请。原则上要求以班级（或院系、学习中心、教学点等）为单位集中申报。申报时应提供以下材料：学生学业成绩单、毕业证书、身份证、学位申请表、外国语考试证明材料、相片等资料的原件及复印件。

第七条 教务部成人教育管理办公室、现代远程教育管理办公室和自学考试办公室、医学部分别归口受理申报材料后，对申请者的各科成绩、相关证明材料等进行初步审核。

第八条 经初步资格审核后，教务部学务管理办公室、自学考试办公室和医学部将符合条件的学生资料按照湖北省学位办和我校教务处的相关要求进行整理，由学务管理办公室复核汇总，集中材料报送学校教务处学务指导科。

第九条 学校教务处作为成人学士学位管理部门负责对我院推荐的申请名单和材料进行审核，由学校成人学士学位评定委员会按有关程序进行评定。

第十条 经省学位办审核通过的成人学士学位的学生颁发成人高等教育学士学位证书。

第四章 成人学士学位申请及颁发时间

第十一条 根据湖北省成人高等教育本科生学士学位外国语考试及全国大学英语四级考试时间，特确定每年的四月二十日至五月二十日、十月十日至十一月十日为成人学士学位申报时间，逾期一律不再受理。

第十二条 原则上定于每年一月上旬和七月上旬颁发学士学位证书,学生需携带本人身份证及毕业证领取。

第五章 附则

第十三条 本办法由远程与继续教育学院负责解释。

第十四条 本办法自发布之日起执行。

附 4
湖北省成人高等教育本科毕业生学士学位申请与审批表

姓名			性别		民族	
出生年月			籍贯			
工作单位						
联系电话			手机号			
详细通讯地址						
学校名称			专业			
学习形式			入学日期			
学制			毕业日期			
学习期间成绩	各门课程平均成绩			学位课程总分		
	毕业设计（论文）题目及成绩					
外国语、学位课程考试成绩	外国语成绩	外语类别		学位课1成绩	科目	
		分数或证书编号			分数	
	学位课2成绩	科目		学位课3成绩	科目	
		分数			分数	
在校期间何时因何原因受过何种奖励						
在校期间何时因何原因受过何种处分						

附5

华中科技大学远程与继续教育学院补授成人学士学位申请表

姓名		性别		学号	
身份证号					
毕业证书号					
入学时间	年　月　日		毕业时间		年　月　日
毕业时未获得学位原因	1. 各门课程平均成绩未达到要求（　） 2. 三门学位课程总分不够（　） 3. 未通过学位英语统考或全国大学英语四级考试（　） 4. 其他：				
申请补授依据	 　 　 本人签名：				
教务部意见	 　 年　月　日（盖章）				
学院意见	 　 年　月　日（盖章）				

附6
华中科技大学远程与继续教育学院各学习形式专业学位课程一览表

专业	学位课一	学位课二	学位课三
机械制造及自动化	模拟电子技术	机械制造技术基础	机械工程控制基础
计算机科学与技术	离散数学	计算机组成原理	操作系统原理
通信工程	通信原理	信号与线性系统	现代交换原理
国际经济与贸易	微观经济学	国际贸易学	国际贸易实务与单证
法学	法理学	民法	刑法
新闻学	新闻学概论	新闻写作	电视专题与专栏
会计学	会计学原理	中级财务会计	财务管理
工商管理	管理学	人力资源管理	市场营销学
工程管理	建设法规	建筑施工	房地产开发
行政管理	公共管理学	公共经济学	城市管理学
护理学	生理学	内科护理学	外科护理学
药学	有机化学	药物分析学	药剂学
公共事业管理	管理学基础	医院管理学	卫生经济学
电气工程及其自动化	电路理论	自动控制理论	电机学

附7
教育部办公厅关于对现代远程教育试点高校网络教育学生部分公共课实行全国统一考试的通知

[教高厅[2004]2号]

各省、自治区、直辖市教育厅(教委),新疆生产建设兵团教育局,各现代远程教育试点高校:

自1999年在高校开展现代远程教育试点工作以来,我国现代远程教育呈蓬勃发展的趋势,试点规模不断扩大,发展顺利,取得了可喜的经验和成果,但在发展中也存在着一些问题,为进一步加强现代远程教育的规范管理,提高现代远程教育的社会声誉,确保现代远程教育人才培养的质量,促进现代远程教育健康、有序地发展,经研究,我部决定对现代远程教育试点高校(以下简称试点高校)现代远程教育学生的部分公共课实行全国统一考试,现就有关事项通知如下。

一、试点高校现代远程教育学生的部分公共课全国统一考试(以下简称"统考")工作在我部领导下,由全国高校现代远程教育协作组成立全国高校现代远程教育考试委员会具体组织落实。

二、统考实行全国统一大纲、统一试题、统一标准。

三、考试对象为试点普通高校的本科层次网络学历教育的学生和中央广播电视大学"人才培养模式改革和开放教育试点"项目的本科层次学历教育的学生。2004年3月1日以后(含3月1日)入学注册的学生的统考合格成绩作为教育部高等教育学历证书电子注册资格的条件之一。2004年3月1日之前入学的学生的统考成绩作为试点高校现代远程教育质量评估的重要依据。2004年将对部分地区和部分高校的现代远程教育学生进行试点性抽查考试。2005年开始对2004年3月1日之后入学注册的所有学生进行统考。对2004年3月1日之前入学注册的现代远程教育的学生仍采用抽查考试的办法。

四、统考初期原则上每年组织两次。统考初期以常规纸笔形式进行或机考、网考,逐渐过渡到完全无纸化的机考、网考。

五、2004年统考科目为英语和计算机基础,2005年开始,统考科目增加高等数学或大学语文。凡参加统考的学生都需参加英语、计算机基础考试,2004年3月1日之后入学注册的理工科类学生加试高等数学,文史类学生加试大学语文,农林医药类和艺术类专业学生由学校选择高等数学或大学语文之一进行考试。具体专业的考试要求将在实施意见中公布。

六、已具有国民教育系列本科以上学历(含本科)或参加相关的全国统一考试达到一定要求的学生可以免考。具体要求将在实施意见中公布。

七、统考具体实施意见另行发文。

试点高校现代远程教育公共课全国统一考试是提高网络教育办学质量和社会声誉的一项重要举措,各有关单位务必要高度重视,做好统考的舆论宣传工作和各项组织工作,保证统考工作的顺利进行。

教育部办公厅
二〇〇四年一月十四日

附8
教育部办公厅关于做好2013年现代远程教育试点高校网络高等学历教育招生工作的通知

各省、自治区、直辖市教育厅（教委），新疆生产建设兵团教育局，各网络教育试点高校：

为了切实做好2013年现代远程教育试点高校（以下简称试点高校）网络高等学历教育招生工作，现将有关事宜通知如下：

一、明确网络学历高等教育招生性质。试点高校开展网络高等学历教育是主要面向在职从业人员的非全日制高等教育，是高校继续教育发展和成人终身学习的重要形式，也是高等教育的重要组成部分。网络高等学历教育学制为：高中起点升本科五年，高中起点升专科和专科起点升本科各两年半或三年。网络高等学历教育实行学分制和弹性修业年限。试点高校要根据学科专业特点及要求，确定修业年限范围，修业年限不得低于学制年限。2013年北京大学等68所试点高校可以开展网络高等学历教育招生，但不得以现代远程教育名义开展或变相开展全日制高等学历教育，不得组织招收各级各类全日制脱产学习的在校学生（含全日制脱产学习的自考学生）兼读或套读网络高等学历教育。

二、加强招生计划和专业管理。试点高校要统筹网络高等学历教育、成人高等学历教育和校内全日制高等学历教育的协调发展，正确处理现代远程教育规模、质量、结构和效益的关系，发挥学校特色和优势，不断改革创新网络教学及管理模式，高质量、高水平办学；要按照我部关于高等学校专业设置备案、审批和管理办法设置和调整网络高等学历教育本、专科专业；要加强对网络高等学历教育招生计划的管理，根据学校及校外学习中心的教学、服务和管理能力，合理安排招生规模，全面落实教学计划，切实保障教学过程，确保人才培养质量。招生数量偏大的试点高校要适度控制招生规模。我部将把网络教育在籍学生数纳入各试点高校折合在校生规模，测算学校办学条件。

三、加强校外学习中心监管。试点高校只能在经过审批、年检合格且如期在全国网络教育阳光招生服务平台（以下简称阳光招生平台，http://

zhaosheng.cdce.cn)公布的校外学习中心(包括试点高校和公共服务体系设立校外学习中心)安排招生,并通过阳光招生平台,向我部报送招生简章、招生计划和计划招生的校外学习中心名单。省级教育行政部门和试点高校要进一步明确校外学习中心依托建设单位的责任和义务,加强过程监管,加大对违规行为的查处力度,并视违规情节轻重追究依托单位及相关人员的责任;完善审批与退出机制和向社会公示制度。

四、严格规范招生宣传。试点高校不得发布模糊、虚假、违规招生信息;要在招生简章和学生手册中明确网络教育的入学资格、报考时间、学习形式、修业年限、统考科目、学历文凭、学位授予、电子注册等政策要求;要通过学校网站向社会公布招生简章、收费标准、咨询与投诉电子信箱和电话,同时公布可以招生的校外学习中心名单以及近三年被撤销或停办或不招生的校外学习中心名单;要对校外学习中心招生人员定期开展培训;要建立预警机制,指定专人全面监控、定期核查涉及本校现代远程教育招生宣传的网站、页面及信息条目,对被冒名开展虚假、违规的招生宣传行为要公开澄清,并及时制止和举报相关社会机构和个人的虚假宣传、非法招生等行为。要监管校外学习中心不得自行印制招生宣传材料或发布招生广告,不得在招生中进行虚假承诺。

五、规范招生录取工作。试点高校要严格审查新生入学资格,切实把好入口关,确保生源质量。严禁非中等教育毕业生和不具有同等学力者取得专科或本科入学资格;严禁未获得国民教育系列高等专科毕业证书者取得专升本入学资格。试点高校要加强对招生录取工作的统一管理,不得以任何形式转移、下放招生权和办学权,不得委托个人或中介机构代理招生。试点高校要在招生信息发布、报名、准考证和录取通知书发放、学费收缴以及咨询投诉等关键环节上,建立直接面向学生的招生录取工作机制;要通过电子邮件、短信、电话回访等多种形式,面向每个学生申明本校招生、教学、考试等相关政策。试点高校要组织好校外学习中心配合开展招生服务工作,不得让校外学习中心自行组织招生、跨省区或点外设点组织招生或组织生源。严禁委托个人或中介机构组织生源。

六、做好新生学籍电子注册工作。试点高校要按照我部有关要求,通过阳光招生平台,准确、及时报送网络高等学历教育新生数据。阳光招生平台网络高等学历教育新生注册数据库(以下简称新生数据库)经核查备案后进入中国高等教育学生信息网(以下简称学信网)学籍学历管理平台(以下简称学信网平台),生成学信网平台网络高等学历教育学生学籍数据库(以下简称学生学籍库)。经核查符合条件者,方予以学籍电子注册。新生数据库生成学生学籍库后,与网络教育统考和学历证书电子注册管理挂钩。

七、严肃查处违规行为。试点高校要建立网络高等学历教育、成人高等学历教育和非学历继续教育归口管理体制,明确责任人,并建立和完善问责机制。省级教育行政部门和试点高校要高度重视现代远程教育的发展与规范办学,依法治教,从严管理。省级教育行政部门及纪检监察部门要加强对网络高等学历教育招生工作的管理和监督,要会同有关执法部门严肃查处在招生工作中乱发广告、乱招生、乱承诺、乱收费、冒名和进行诈骗招生的校外学习中心、社会机构和个人。我部将严肃查处违反本通知要求以及有关政策和法规的招生行为,对于情节严重的试点高校,我部将停止其试点资格,并追究有关领导和相关负责人的责任。

联系人:王林、刘英,电话:010-66096266,电子信箱:dce@moe.edu.cn;阳光招生平台技术支持电话:010-51656036,电子邮箱:wljy@cdce.cn。

教育部办公厅
2013 年 7 月 23 日

附 9
教育部关于开展现代远程教育试点高校现代远程教育部分公共基础课全国统一考试试点工作的实施意见

教高厅[2004]5 号

各省、自治区、直辖市教育厅(教委)、新疆生产建设兵团教育局、各现代远程教育试点高校:

　　为了贯彻落实《教育部办公厅关于对现代远程教育试点高校网络教育学生部分公共课实行全国统一考试的通知》(教高厅[2004]2 号),做好试点高校现代远程教育部分公共基础课全国统一考试(以下简称"统考")工作,我部决定委托全国高校网络教育考试委员会(以下简称"网考委")开展统考试点工作。为保证试点工作的顺利进行,提出如下实施意见。

　　一、统考试点工作要按照现代远程教育应用型人才的培养目标,针对从业人员继续教育的特点,重在检验学生掌握基础知识的水平及应用能力。

　　二、在我部的领导下,由网考委负责实施统考试点工作。网考委下设办公室(以下简称"网考办")、统考课程专家组和若干考区办公室,各机构负责人采用任期制,由网考委主任任命。网考办作为网考委的日常办事机构,主要负责组织落实统考试点的有关具体工作;统考课程专家组根据统考科目的需要设立,承担制订考试大纲、命题、题库建设、对统考课程进行业务指导和统考质量分析等工作;考区办公室负责考区的阅卷及相关工作。统考考务工作在网考委的领导下,主要由"中央广播电视大学网络教育校外教学支持服务体系"承担。中央广播电视大学对考务工作负有领导和协调责任。

　　三、各地教育行政部门要对当地的统考试点工作进行指导、监督和协调,考区办公室所在地的省级教育行政部门要指导当地的阅卷工作。考务单位在考前和考后将考试实施方案和考试情况及时报告当地教育行政部门。

　　各现代远程教育试点高校要根据我部关于统考工作的要求和网考委的具体部署,做好宣传动员、报名、免考资格审查、参与题库建设等工作。

四、考试对象为现代远程教育试点普通高校的本科层次网络学历教育的学生和中央广播电视大学"人才培养模式改革与开放教育试点"项目的本科层次学历教育的学生。2004年3月1日以后(含3月1日)注册入学的学生要依照本实施意见的规定参加统考,对2004年3月1日之前注册入学的学生进行抽测。

五、统考科目按不同学历起点和不同专业类别确定。

高中起点本科学生的统考科目是:

(一)理工类专业统考科目包括:"大学英语(B)"、"计算机应用基础"、"高等数学(B)"(数学专业考"高等数学(A)");

(二)文史法医教育类专业统考科目包括:"大学英语(B)"、"计算机应用基础"、"大学语文(B)"(文史类专业考"大学语文(A)");

(三)英语类专业统考科目包括:"大学英语(A)"、"计算机应用基础"、"大学语文(B)";

(四)艺术类专业统考科目包括:"大学英语(C)"、"计算机应用基础"、"大学语文(B)";

(五)其它专业统考科目包括:"大学英语(B)"、"计算机应用基础",由试点学校在"高等数学(B)"和"大学语文(B)"中再任选一门进行统考。

专科起点本科学生的统考科目是:

(一)英语类专业统考科目包括:"大学英语(A)"、"计算机应用基础";

(二)艺术类专业统考科目包括:"大学英语(C)"、"计算机应用基础";

(三)其它专业统考科目包括:"大学英语(B)"、"计算机应用基础";专科起点本科教育入学考试科目中没有"大学语文"或"高等数学"成绩的,按不同专业须加试统考科目"大学语文(B)"或"高等数学(B)",考试科目的选择同高中起点本科学生的专业分类。

六、关于免考的规定:

(一)已具有国民教育系列本科以上学历(含本科),可免考全部统考科目;

(二)除计算机类专业学生外,获得全国计算机等级考试一级B或以上级别证书者可免考"计算机应用基础";

(三)除英语专业学生外,获得大学英语等级考试(CET)4级或以上级别证书者、全国公共英语等级考试(PETS)三级或以上级别证书者、省级教育行政部门组织的成人教育学位英语考试合格证者,可免考"大学英语";

(四)入学注册时年龄满40周岁的非英语专业学生可免考"大学英语";

(五)除英语专业考生外,户籍在少数民族聚居地区的少数民族学生(界定标准见附件)可免考"大学英语"。各试点高校要将本校免考学生名单公示并报网考办备案。

七、统考公共基础课的要求与高等教育本科相应公共基础课的要求相一致。统考试点工作由网考委统筹安排,全国统一大纲,统一试卷,统一考试,统一阅卷标准。统考暂定每年组织两次,考试时间在3月和9月。学生在修业年限内可以多次参加考试,每次参考门次由学生自定。试点期间的统考成绩有效。

八、考试费用由现代远程教育试点学校统一缴纳。考试费应专款专用于统考工作,不得挪作他用。

九、试点期间,统考课程成绩分为合格与不合格,合格标准由网考委确定,考试结果由网考办公布。所有统考科目成绩合格作为教育部高等教育学历证书电子注册资格的条件之一。

十、统考考试试卷(含答案及评分参考、听力磁带)启用前属于机密级国家秘密。根据《中华人民共和国保守国家秘密法》、《中华人民共和国保守国家秘密法实施办法》及有关法律、法规,网考委制订统考安全保密规定。

十一、网考委成立统考突发事件"应急领导小组",建立考试信息沟通机制,快速有效地应对全国与地区、考点发生的突发事件。

十二、网考委对统考试点工作做出突出贡献的单位和个人给予表彰。对参加统考的考生以及考试工作人员、其他相关人员,违反考试管理规定和考场纪律,影响考试公平、公正进行的行为,视情节轻重、影响大小分别给予相应的处罚。网考办和考区办公室负责对考试违规行为进行认定与处理。

十三、网考委按照本意见制定统考工作管理办法。

附件:免考"大学英语"的少数民族学生的界定

免考"大学英语"的少数民族学生的界定

一、西藏自治区、新疆维吾尔自治区、广西壮族自治区、内蒙古自治区、青海省、云南省、贵州省、四川省、重庆市、宁夏回族自治区、甘肃省、陕西省等西部地区的少数民族学生。

二、下表所列少数民族自治州、少数民族自治县的少数民族学生。

少数民族自治州

省(区)	名称	政府所在地	成立日期
吉林省	延边朝鲜族自治州	延吉	1952.09.03
湖南省	湘西土家族苗族自治州	吉首	1957.09.20
湖北省	恩施土家族苗族自治州	恩施	1983.12.01

少数民族自治县

省(区)	名称	政府所在地	成立日期
黑龙江省	杜尔伯特蒙古族自治县	泰康	1956.12.05
辽宁省	喀喇沁左翼蒙古族自治县	大城子	1958.04.01
辽宁省	阜新蒙古族自治县	阜新	1958.04.07
辽宁省	新宾满族自治县	新宾	1985.06.07
辽宁省	岫岩满族自治县	岫岩	1985.06.11
辽宁省	清原满族自治县	清原	1990.06.06
辽宁省	本溪满族自治县	小市	1990.06.08
辽宁省	桓仁满族自治县	桓仁	1990.06.10
辽宁省	宽甸满族自治县	宽甸	1990.06.12
吉林省	前郭尔罗斯蒙古族自治县	前郭	1956.09.01
吉林省	长白朝鲜族自治县	长白	1958.09.15
吉林省	伊通满族自治县	伊通	1989.08.30
河北省	孟村回族自治县	孟村	1955.11.30
河北省	大厂回族自治县	大厂	1955.12.07
河北省	青龙满族自治县	青龙	1987.05.10
河北省	丰宁满族自治县	大阁	1987.05.15
河北省	围场满族蒙古族自治县	围场	1990.06.12
河北省	宽城满族自治县	宽城	1990.06.16

续表

省（区）	名称	政府所在地	成立日期
湖南省	通道侗族自治县	双江	1954.05.07
	江华瑶族自治县	沱江	1955.11.25
	城步苗族自治县	儒林	1956.11.30
	新晃侗族自治县	新晃	1956.12.05
	芷江侗族自治县	芷江	1987.09.24
	靖州苗族侗族自治县	渠阳	1987.09.27
	麻阳苗族自治县	高村	1990.04.01
海南省	乐东黎族自治县	抱由	1987.12.28
	琼中黎族苗族自治县	营根	1987.12.28
	保亭黎族苗族自治县	保城	1987.12.30
	昌江黎族自治县	石碌	1987.12.30
	白沙黎族自治县	牙叉	1987.12.30
	陵水黎族自治县	陵城	1987.12.30
湖北省	长阳土家族自治县	龙舟坪	1984.12.08
	五峰土家族自治县	五峰	1984.12.12
广东省	连南瑶族自治县	三江	1953.01.25
	连山壮族瑶族自治县	吉田	1962.09.26
	乳源瑶族自治县	乳城	1963.10.01
浙江省	景宁畲族自治县	鹤溪	1984.12.24

附 10
教育部办公厅关于印发《网络高等学历教育招生与统考数据管理暂行办法》的通知

教职成厅[2011]3号

各省、自治区、直辖市教育厅(教委),新疆生产建设兵团教育局,各现代远程教育试点高校:

网络高等学历教育招生信息电子注册和统考数据管理是完善高等教育学历证书电子注册制度的一项重要工作,直接关系着网络教育招生、办学的规范管理,是建立网络高等学历教育学生电子学籍库、统考数据库、毕业生电子注册数据库的基础,对推进网络高等学历教育健康、可持续发展发挥着重要作用。为强化网络高等学历教育招生、学籍管理、统考、毕业等环节的全过程科学规范管理,现将《网络高等学历教育招生与统考数据管理暂行办法》印发给你们,请按有关要求认真做好此项工作。

附件:网络高等学历教育招生与统考数据管理暂行办法

教育部办公厅
二〇一一年八月十六日

附件:
网络高等学历教育招生与统考数据管理暂行办法

第一条 为维护现代远程高等学历教育公平、公正,保障高等教育质量,保护学生合法权益,依据《高等教育法》以及《普通高等学校学生管理规定》的有关要求,特制定本办法。

第二条 经批准开展现代远程教育试点的高等学校(以下简称试点高校)招收网络高等学历教育学生,开展招生信息电子注册和统考数据管理工作,适用本办法。

第三条 高校现代远程教育阳光招生服务平台建设专家委员会办公室（以下简称网招办）与全国高校现代远程教育考试委员会办公室合署办公，负责网络高等学历教育招生录取数据及统考数据的日常管理。试点高校具体负责网络高等学历教育招生录取、学籍电子注册数据管理等工作，并对本校数据负责。

第四条 网络高等学历教育招生简章、招生计划、校外学习中心信息及新生录取数据的管理工作依托中国现代远程与继续教育网全国网络教育阳光招生服务平台（以下简称阳光招生服务平台，http://zhaosheng.cdce.cn）开展，网络高等学历教育学生学籍电子注册及学籍数据管理依托中国高等教育学生信息网学籍学历信息管理平台（以下简称学籍学历信息管理平台，http://www.chsi.com.cn）开展。试点高校要建立与阳光招生服务平台和学籍学历信息管理平台对接的本校招生及学籍信息管理平台。

第五条 试点高校自建自用或共建共享的校外学习中心以及经我部批准开展网络教育教学支持服务的社会公共服务体系所建设的校外学习中心（以下简称校外学习中心）未经审批备案，或经省级教育行政部门年检不合格的，试点高校不得安排招生。省级教育行政部门要将审核备案和年检结果及时报送教育部主管部门，同时在阳光招生服务平台上发布。校外学习中心的资质以阳光招生服务平台的信息为准。

第六条 试点高校要按照我部招生文件规定组织招生、入学考试及新生录取、信息采集工作。

试点高校要严格审核新生的入学学历资格，有下列情形之一的不得进行电子注册：

（一）以校外学习中心名义自行招生的；

（二）未获得高级中等教育毕业资格而录取为高中起点专科或者本科的；

（三）未获得国民教育系列高等专科学历证书而录取为专科起点本科的；

（四）其他不符合网络高等学历教育招生规定的情形。

第七条 试点高校应当根据阳光招生服务平台中《新生基本情况表》的具体要求，及时、完整、准确地采集新生数据。

第八条 试点高校完成新生数据采集工作后，应当于每年3月15日至3月31日，9月15日至9月30日分别将当季录取的新生数据上报至阳光招生服务平台。逾期未上报的新生数据按下一批次新生数据上报。

第九条 阳光招生服务平台的操作采用数字证书(以下称 U-key)、身份认证方式进行。各试点高校应建立数据上报专人负责制,实现 U-key 的专人专管。通过 U-key 上报、修改的数据即视为试点高校认可的数据。试点高校应当将同一数据、加盖学校公章的纸质文件提交网招办备案。

第十条 阳光招生服务平台在试点高校上报新生数据时自动查验以下信息,并把通过查验的数据转入网络高等学历教育新生数据库:

(一)注册号、姓名、性别、民族、出生日期、有效身份证件号、照片等个人信息;

(二)录取方式、入学日期、学习形式、学制、培养层次、专业、校外学习中心信息、入学学历资格信息等学校录取信息。

第十一条 阳光招生服务平台将网络高等学历教育新生数据库报送至学籍学历信息管理平台,进行新生入学资格核查及学籍注册,并生成网络高等学历教育学生学籍库。

第十二条 学籍学历信息管理平台应当根据本办法规定逐一审查网络高等学历教育新生数据库中的新生入学学历资格。春季和秋季的新生入学学历资格审查结果分别于每年4月底和10月底之前通过学籍学历信息管理平台反馈,供省级教育行政部门、试点高校下载和查询。合格者在学籍学历信息管理平台上注册学籍,不合格者不予注册。

入学学历资格审查不合格的春季和秋季新生可分别于每年6月底和12月底前通过试点高校申请复查,复查合格者按照相关流程予以补报学籍电子注册。

第十三条 学生在籍期间的有关注册信息可以在学籍学历信息管理平台进行修改。但学生学籍核心数据不得修改,包括不能增加学生人数、姓名和身份证件号不能同时修改、培养层次不能上移、入学日期不能前移等。其它修改工作参照有关成人高等学历教育学生学籍管理办法执行。

第十四条 全国高校现代远程教育考试委员会办公室(以下简称网考办)在每次统考报考开始前三个工作日,从学籍学历信息管理平台下载考生学籍数据,生成统考考生基本信息库。网考办在统考成绩复核结束后的7个工作日内,将考试结果报至学籍学历信息管理平台备案。

第十五条 网络高等学历教育实行学分制和弹性修业年限。为保证人才培养质量,试点高校要根据我部有关规定和学科专业特点,确定最短修业年限(高中起点本科不低于五年;高中起点专科和专科起点本科不低于两年半或三年)和学分有效年限等标准。

第十六条 学籍库和统考数据库是建立网络高等教育学历证书电子注册数据库的基础。取得学籍的学生在规定的修业年限内,完成教学计划全部课程,修满规定的学分且学分在有效年限内,本科层次的还须统考成绩合格,方可准予毕业,颁发毕业证书。符合学位授予条件的,可以向学位授予单位申请学士学位。

第十七条 试点高校违反本办法及网络高等学历教育的其他有关规定,有下列行为之一的,由我部责令改正,予以警告,情节严重的停止试点资格,并同时责令学校追究有关领导和相关负责人责任。

(一)违反规定招收网络高等学历教育学生的;
(二)故意上报虚假注册信息的;
(三)未按规定审核新生入学资格,为不符合资格者办理电子注册的;
(四)不按规定注册,经指出逾期不改的。

第十八条 网络高等学历教育学生毕业证书、学位证书的发放及毕业电子注册按照我部有关规定执行。

第十九条 试点高校应当根据本办法制定或修改本校网络高等学历教育有关管理规定,并及时向学生公布。省级教育行政部门要根据本办法,指导、检查和督促本地试点高校的有关工作。

第二十条 本办法自 2011 年秋季招生开始实施。网络高等学历教育以往有关文件规定与本办法不一致的,以本办法为准。

参考文献

[1] 丁兴富.远距离高等教育学导论[M].北京:中央广播电视大学出版社,1987.
[2] 黄正明.远程教育教程[M].北京:北京交通大学出版社,2013.
[3] 龚志武.远程教育论稿[M].广州:中山大学出版社,2013.
[4] 丁兴富.远程教育学[M].北京:北京师范大学出版社,2009(2).
[5] 张秀梅.远程教育学研究导论[M].广州:中山大学出版社,2011.
[6] 黎军.网络学习概论[M].上海:上海人民出版社,2005.
[7] 应卫勇,等.现代远程教育学习概论[M].上海:华东理工大学出版社,2008.
[8] 王宇.现代远程继续教育概论[M].长沙:湖南大学出版社,2011.
[9] 许晓艺,等.网络学习方法[M].北京:清华大学出版社,2012.
[10] 罗毅,等.现代远程教育学习概论[M].广州:华南理工大学出版社,2009.
[11] 杨改学.现代远程教育[M].北京:国防工业出版社,2006.
[12] 全国高校网络教育考试委员会办公室.计算机应用基础(2007修订版)[M].北京:清华大学出版社,2007.
[13] 教育部高等教育司.中国大学网络教育新生读本(普通高校版2009)[M].北京:中央广播电视大学出版社,2009.